순서만 바꿔도
대입까지 해결되는
초등 영어 공부법

상위권으로 가는 쉽고 빠른 영어 공부 전략

Elementary
English Study

순서만
바꿔도
대입까지 해결되는
초등 영어 공부법

윤이연 지음

한국경제신문

결국 대입은 도미노! 장기적인 관점이 필요하다

하루에 대략 다섯 개 학원을 돌고 집에 돌아와서 또다시 서너 시간 동안 숙제에 시달리는 요즘 초등학생들, 그 학생들은 과연 시간이 흘러 수능을 볼 때도 좋은 결과를 얻을까? 아이의 성향과 공부 방식이 딱 맞아떨어진다면 아마 결과도 좋을 것이다. 하지만 어린 아이들 다수는 이렇게 과도하고 강압적인 공부를 잘 버텨내지 못한다. 보통 초등학생을 키우는 양육자●는 아이가 초등학교에 다닐 때 어느 정도 준비해야 중학교에 가서 스스로 공부하는 아이가 되는지, 그리고 고등학교에서도 좋은 성적을 받게 되는지 잘 알지 못한다.

나는 고등학생들의 대입과 초등학생들을 모두 지도하면서 입시 결과의 원인은 결국 초등학교 공부에 있음을 알게 되었다. 어릴 때부터 너무 많이 공부한 아이는 대부분 중학생 때부터 공부와 담을

● 가정 내에서 아이의 양육을 담당하는 이를 특정해서 칭하지 않기 위해 이 책에서는 '부모'가 아닌 '양육자'라는 표현을 사용했다.

쌓았다. 또한 너무 어릴 때부터 영어에 강압적인 방식으로 노출된 아이는 그 많은 영어 학습에도 불구하고 고학년 때 영어 자신감이 바닥으로 떨어졌다.

　나는 현직 영어 강사다. 이전에는 고등학생을 대상으로 수능 영어를 지도했고, 지금은 초등학생에게 중고등학교 시기의 기본기를 위한 기초 영어를 가르친다. 그런데 지금 내가 나의 직업을 단지 '업(業)'으로만 보지 않고 그 이상의 질문과 해결책을 전하고자 하는 이유는 아이들을 지도하면서 우리나라 영어 교육의 한계를 느껴왔기 때문이다. 그리고 그 한계를 넘어서지 못한 아이들은 더 오래 고생하리라는 사실을 알고 있기 때문이다.

　고등 영어와 달리 초등 영어에서 아이들이 어떤 교육을 받을지 선택하는 것은 주로 양육자들이다. 모든 양육자가 자신의 아이에게 더 특별한 교육을 제공하고자 노력한다. 하지만 왜 영어 사교육비는 갈수록 증가하는 데도 불구하고 숙제와 씨름하며 고생스럽게 공부하는 아이들의 영어 실력은 제자리걸음인 걸까?

　오랜 기간 아이들을 지도하며 관찰해온 결과, 중고등학교 영어 성적의 핵심 키는 초등학교 고학년 시기에 형성된 공부 자신감이었다. 그에 따라 중학교의 성적도, 나중의 입시 결과도 달라졌다. 초등학교 시절에 만들어진 자신감 위에 중학교 때 쌓아 올린 튼튼한 기초가 바탕이 되어 고등학교 공부가 완성되는 것이다. 초등학교 시절에 잘 사용한 한 시간은 고등학교 공부의 10시간, 아니 어쩌면 그보다 훨씬 많은 시간에 필적한다.

'단어 암기 → 숙어 암기 → 필기한 내용 암기 → 시험.'

대체로 양육자 세대에게 익숙한 영어 공부의 순서는 이러한 방식일 것이다. 그런데 지금 초등학생들도 학교와 학원에서 여전히 똑같은 순서로 공부하고 있다는 것을 아는 양육자는 얼마나 될까? 현재 교육사업자들은 30년 전 세대가 대부분이라 자신이 배웠던 방식대로 아이들을 지도하는 경우가 많다. 즉 우리 아이들이 지금도 30년 전 방식으로 영어를 배우고 있다. 예전과 다른 부분이라면 학원에 원어민 선생님이 있다는 점일 뿐, 여전히 암기와 시험 위주의 영어 공부를 하고 있는 셈이다.

초등 영어 공부에서는 무엇보다도 '순서'가 중요하다. 초등학교 저학년 학생이 단어를 먼저 외우는 것은 순서상으로 말하자면 아직 쓸모가 없다. 문장 안에서 단어를 알맞은 위치에 넣어 활용하는 방법을 배우는 게 먼저고, 단어 암기는 그다음에 해도 늦지 않다.

이 책은 영어 공부 가이드 방법을 모른 채 아이들을 교육하고 있거나 해야 하는 양육자를 위한 책이다. 대개 1970~1980년대생인 양육자들의 삶에서 영어는 인생의 중요한 시기마다 고비를 만들어 왔을 것이다. 같은 시기를 살아온 나도 영어 교육에 대한 양육자들의 고민을 잘 안다. 자녀들에게 영어 학습을 과하게 시키는 것도, 반대로 전혀 시키지 않는 것도 결국은 스스로 느꼈던 불안함 때문일 것이다. 하지만 효율적인 영어 학습 방법을 알면 누구라도 불안을 이겨낼 수 있다.

한편으로 이 책은 잘못된 영어 교육에 휩쓸리고 숙제에 짓눌려,

본격적으로 공부 머리가 열리는 중요한 시기에 공부하지 않겠다고 선언하는 아이들을 위한 책이기도 하다. 아이들이 그 악순환의 고리를 스스로 끊고 다시 공부하겠다고 선언하는 나이는 대부분 고등학교 1~2학년 시기다. 하지만 그때는 그간의 공백을 메꾸기에 현실적으로 너무 늦다. 그 사실을 모르는 아이들은 고등학생이 되고 나서야 눈물을 글썽거리며 후회한다. 그런 일을 겪지 않으려면 초등학생 때, 처음 영어 공부를 시작할 때부터 아이가 영어에 질리지 않도록 공부의 순서를 바로잡아 주고 점검해줘야 한다.

학원에 가서 상담을 받기 전에 양육자는 아이의 공부 순서를 어떻게 정하는 것이 좋을지 미리 한번 생각해봐야 한다. 확신하건대, 초등 영어 공부는 순서를 바꿔주는 것만으로도 고등학교까지의 영어 공부 길을 고속도로처럼 열어줄 수 있다. 영어 교육은 장기적인 관점으로 바라보고 시작하는 것이 중요하다. 대입은 12년이 고리처럼 연결된 도미노이기 때문이다.

**순서만 바꿔도
대입까지 해결되는
초등 영어 공부법**

차례

‖ 들어가는 말 _ 결국 대입은 도미노! 장기적인 관점이 필요하다   004 ‖

PART 1
상위 1퍼센트 고등학생을 만드는 초등 교육

1	초등 3학년과 5학년, 두 번의 터닝포인트	014
2	초등 5~6학년, 2년이 대입을 결정한다	019
3	상위 1퍼센트의 비결은 점수가 아닌 태도다	026
4	입시 관리는 곧 시간 관리다	032
5	공부법을 완성한 상위권 고교생들의 습관	036
6	대입을 위한 초등 영어 제대로 이해하기	040

PART 2
영어 공부, 순서만 바꿔도 길이 보인다

1	대형 어학원의 레벨 테스트 바로 알기	046
2	레벨 테스트에도 유효 기간이 있다?	051
3	레벨 점수보다 중요한 건 문장을 이해하는 능력	056
4	10분 만에 알아보는 우리 아이 영어 실력 진단법	060
5	한국말로 질문하면 혼나는 영어 학원?	064
6	영어 공부, 순서를 바꿔야 길이 보인다	069

PART 3
영어 공부의 승부사, 문장력

1 이건 우리 애가 보기에 너무 쉬운데?   076

2 초등 영어는 주 3회면 충분하다   085

3 단어 암기보다 문장 구조를 먼저 이해하라   090

4 문장 구조의 핵심, 어순과 시제   095

5 문장 이해도별 영어책 추천 목록   101

6 문장력에 날개를 달아주는 영어책 읽기   107

PART 4
문장력의 확장, 어휘

1 단어, 암기보다 활용이 중요하다   112

2 스펠링부터 외울까? 단어 뜻부터 외울까?   118

3 초등 고학년부터 보면 좋은 추천 단어장   124

4 중고등학생이 보면 좋은 고등 단어장   129

5 인터넷 네이버 사전 활용법   133

PART 5
문장력의 꽃, 라이팅

1   초등 5~6학년이 수능의 분기점   140

2   매일 조금씩 반복 쓰기, 라이팅의 시작   145

3   AI의 등장, 챗GPT & DeepL   148

4   내가 쓴 글로 해보는 스피킹 & 발음 연습   154

PART 6
문장력의 완성, 문법

1   문장을 이해하는 아이는 문법을 어려워하지 않는다   160

2   기초 문법 점검을 위한 필수 문제집   165

3   전 학년을 아우르는 중급 문제집   169

4   중학 문법 대비 학년별 영어 공부   175

5   중학 내신 대비 최적의 교과서 공부   180

TIP : 중등부터 준비하는 수능 영어

1 중1부터 시작하는 고교 듣기평가 공부법   192

2 중2부터 시작하는 고등 모의고사 풀이 순서   202

3 수능 대비 모의고사 유형별 풀이법   206

PART 7
공부 효율을 완성하는 자신감

1 메타인지로 발전하는 공부 자신감   212

2 초등학생들이 스스로 공부하게 만드는 힘   218

3 초등 5~6학년은 공부 연비를 높이는 기간   222

4 공부 잘하는 아이 말고 공부 잘한다고 생각하는 아이   226

나가는 말 _ 사랑으로 상식을 깨부수는 교육   230

부록 _ 기초 시제로 영어 문장력 키우기 워크북 50   235

ELEMENTARY ENGLISH STUDY

PART 1

상위 1퍼센트
고등학생을 만드는
초등 교육

이제 초등학생인 아이가 당장 영어를 유창하게 말하기를 바라지 말자. 양육자가 할 일은 공부의 순서를 하나씩 바로잡아 주면서 아이가 기초를 잘 배우고 다져나갈 시간을 허락해주는 것이다. 초등 영어는 천천히, 과하지 않게 진행하는 것이 중요하다. 아이가 영어 공부에 부담을 느끼지 않고 기초를 탄탄하게 쌓아가는 것이야말로 상위권 고교생으로 나아가는 지름길임을 기억하자.

초등 3학년과 5학년, 두 번의 터닝 포인트

일반적으로 초등학생의 학습 터닝 포인트는 크게 두 번 찾아온다. 바로 3학년과 5학년 때다. 3학년이 되면 학습 난도가 한 번 크게 뛰어오르면서 아이들의 공부 그릇도 성장하는데, 5학년에도 그와 같은 일이 반복된다. 마찬가지로 양육자가 영어 공부를 생각하는 기준도 3학년과 5학년 때 크게 바뀐다. 아이가 3학년에는 '이제 영어를 시작해야겠지?'라고 생각하고, 아이가 5학년에는 '이제 문법을 시작해야겠지?'라고 생각한다.

양육자와 교육 상담을 진행해보면, 3학년 때까지 영어 공부를 전혀 안 시켰던 경우 아주 걱정스러운 말투로 "늦지 않았을까요?"라고 질문한다. 나는 그때마다 3학년이 딱 적기라고 말씀드린다. 3학년에 영어 학습을 시작하는 것은 전혀 늦지 않다. 공부를 안 했던 아이라면 그때쯤 하지 못했던 영어 공부를 하고 싶어 하므로, 오히려 3학년까지 영어 학습에 과도하게 노출됐던 학생들보다 수업 시간에 더 적극적인 편이다.

"3학년인데 레벨이 이 정도밖에 나오지 않으면 여기서는 함께 공부할 수 없어요."

"5학년이면 이미 중학교 과정에 들어갔어야 하는데 너무 늦게 오셨네요."

양육자들이 영어 학원 상담에서 종종 듣는 말이다. 대체로 학원 레벨 테스트 후 듣는 이런 말들은 양육자를 주눅 들게 하고, 아직 시작도 안 한 아이를 이미 뒤처진 아이로 만든다. 그러나 고등학교까지 범위를 넓히면 초등 3학년이나 5학년은 공부를 제대로 시작해본 적 없는 어린아이일 뿐이다. 그렇다면 초등 영어 교육은 도대체 언제 시작해야 할까? 3학년이나 5학년은 정말 늦은 걸까?

3학년은 초등 학습의 첫 번째 터닝 포인트다. 그래서 나는 미취학 때보다 3학년이 되었을 때 영어 학습을 시작하는 것을 권한다. 대신 2학년 때까지 영어 학습량은 파닉스를 익히는 정도로 적게 유지해온 상태로 국어 학습을 꾸준히 진행하는 조건이다.

2학년과 비교했을 때 3학년은 언어 감각이 확실히 다르다. 같은 학생을 몇 년에 걸쳐 학습 지도하면서 꾸준히 지켜보며 깊이 있게 파악한 결과다. 아이마다 키도 다르게 자라고, 목소리도, 외모도 제각각 다르게 변하지만 3학년이 되면 확실히 2학년 때보다는 한 단계 향상된 언어 감각을 보인다. 그래서 똑같이 기초 시제 영작부터 진도를 시작한다 해도 2학년의 진행 속도와 3학년의 진행 속도는 다를 수밖에 없다.

또한 3학년 때는 학교에서도 영어 수업을 시작한다. 실제로 아이들을 지도해보니 공교육 과정에서 3학년 때 영어 교육을 시작하는 이유가 있구나 싶을 정도로, 2학년과 3학년은 새로운 언어를 받아들이는 자세가 다르다. 아무래도 그때까지 모국어를 익혀왔던 기억이 영어 학습에도 큰 도움이 되는 듯하다. 그래서 아이가 아직 한국어 읽기와 쓰기가 서툴다면 우선 국어 학습에 조금 더 시간을 투자하고, 3학년 때부터 천천히 영어 공부를 시작해도 늦지 않다고 본다.

한편 5학년은 아이들의 생각과 사고의 확장이 일어나는 초등 학습의 두 번째 터닝 포인트다. 5학년이 되면 아이들 저마다의 생각이 깨어나면서 확실히 그전과는 다른 차원의 대화가 가능해진다. 이 시기에 "선생님, 영어 공부를 왜 꼭 해야 해요?"라고 묻는 학생들도 종종 있다. 보통 5학년 이상이고 그동안 영어 공부가 어렵다고 느꼈던 아이가 이런 질문을 한다. 사춘기에 접어들면서 사고가 확장되는 때여선지 아이들은 자신을 아이로만 보지 않는 대화를 좋아한다. 또한 대화를 통해 알게 된 새로운 사실을 스스로 납득할 수만 있다면 아주 잘 받아들인다.

요즘은 한국의 위상이 높아져 한국에서 치른 수능 점수로도 합격할 수 있는 외국 대학이 많아졌다. 이런 흐름은 한류 열풍으로 계속 늘어나는 추세이기도 하다. 그러니 이곳 대한민국에서 수능을 잘 보고 영어까지 유창하게 말한다면 얼마든지 외국 대학에 입학도 할 수 있다. 그런 이야기를 해주면 눈을 반짝거리며 앞으로 영어 공부를 열심히 하겠다고 다짐하는 아이들도 많다.

흥미로운 사실은 5학년이 되면 어릴 적 공부했던 내용을 대부분 잊기도 한다는 것이다. 이는 5학년 학생들에게서 발견되는 공통적인 현상이기도 한데, 아마 새로운 것을 받아들이기 위해 뇌가 급성장하면서 장기 기억을 밀어내는 것이 아닌가 싶다. 하지만 신기하게도 자리가 비워진 만큼 새로운 정보를 받아들이는 양도 늘어나고 속도도 빨라진다.

그래서 5학년 즈음부터는 나도 아이들의 공부량을 부쩍 늘린다. 저학년 때부터 꾸준히 해오던 공부라 해도 양이 급격히 늘어나면 힘들어할 만도 한데, 놀랍게도 아이들은 배우는 것을 모두 제 것으로 소화하기 시작한다. 이때가 기회다. 5학년부터는 공부의 양을 늘려가되 자꾸 잊어버리는 기초 부분도 다시 점검해줘야 하는 시기임을 잊지 말아야 한다.

5~6학년은 중학생이 되기 전, 초등 시기에 반드시 알아두어야 할 영어의 기초를 다지는 시기다. 또한 아이의 영어 공부에 난 구멍을 메워줄 수 있는 아주 중요한 시기이기도 하다. 따라서 이 시기를 어떻게 보내느냐에 따라 앞으로 중고등학교 공부의 방향이 크게 달라진다. 이때까지 아이의 영어 공부에 어떤 허점이 있었는지 모른 채로 달려왔다면, 5학년 때 곧바로 중등 내신 학원으로 보낼 게 아니라 앞으로 6~7년의 입시 공부를 대비하기 위한 정확한 점검을 해야 한다. 이 시기를 놓치고 중학교에 진학하면 영어의 기초를 메꿀 시간이 점점 더 부족해질 수 있다.

요약하면 5학년은 생각과 사고의 확장이 눈에 띄게 일어나는 시기이므로, 시간을 들여 구멍 난 기초부터 차분히 메워나가면 3~4학년 때보다 훨씬 빠른 속도로 기초를 보완할 수 있다. 초등 3학년과 5학년은 학습의 난도와 공부량이 크게 도약하는 터닝 포인트 시기임을 기억하자.

만약 아이가 미취학 시기부터 5학년 때까지 영어 학원을 꾸준히 다녔다면, 어쩌면 왜 다녀야 하는지도 모른 채 힘들게 해온 영어 공부에 이미 지쳤을지도 모른다. 그런 아이를 무작정 더 많은 단어 암기와 말도 안 되게 어려운 고등 모의고사 지문을 풀게 하는 주입식 영어 학원으로 보내선 안 된다. 공부할 머리가 이제 막 준비된 시기에 아이를 공부와 멀어지게 만드는 지름길이 될 수도 있기 때문이다. 안 그래도 지금까지 버텨왔는데 옮긴 학원이 더 힘들다면 5~6학년 때 아이가 한 번쯤 말할 것이다. 영어를 왜 공부해야 하냐고, 정말 공부가 하기 싫다고 말이다. 양육자가 이 순간을 알아채야 한다. 바로 이때가 중고등 공부의 적신호가 깜빡이는 순간이라는 걸말이다.

2

초등 5~6학년,
2년이 대입을 결정한다

아이가 초등학교에 다니는 동안은 마음을 준비하는 시기로 봐야 한다. 공부할 마음이 어떻게 형성되는지, 어떤 자세로 공부를 하면 되는지 하나씩 탐색하는 기간이다. 그렇게 공부할 마음과 자세가 준비된 아이들이라야 중학교에 가서도 자신감을 갖고 적극적으로 공부할 수 있다.

초중고 각 시기의 공부를 살펴보면 초등학교 시기는 전 과목에 입문하는 기간이다. 따라서 졸업할 때까지 기초만 꾸준히 반복해도 전혀 모자람이 없다. 무리할 것 없이 기초만 잘 다지면 중등 대비를 잘했다고 볼 수 있다. 중학교 때는 배우는 내용을 전체적으로 이해하고 암기하는 과정이 필요하다. 초등학교의 입문 과정을 지나 전 과목에서 꼭 알아야 할 기본 내용을 배우기 때문이다. 고등학교 과정은 초등학교와 중학교에서 배운 내용을 모두 이해했다는 가정하에 응용과 심화를 시작한다.

그래서 초등 과정의 기초가 없는 아이가 중등 과정의 내용을 이해하고 암기하려면 어려울 수밖에 없고, 이 내용을 알지 못하면 고등 과정에서 응용과 심화로 나아갈 수 없다. 이 도미노가 바로 초등 5~6학년 때 시작되어 대입으로 이어지는 것이다.

초등 5~6학년은 공부 인생에서 가장 중요한 시기다. 과도한 숙제 없이, 무리한 시험 없이 공부하면서 5~6학년이 된 아이들은 그 시기에 흔히 찾아오는 공부에 대한 반감 없이 오히려 공부에 대한 자신감을 갖게 된다. 초등 5~6학년이 대입을 결정한다는 말은 결코 과장이 아니다. 이때 알차게 잘 사용한 한 시간의 공부가 고등학생 시절 공부의 10시간, 아니 그 이상의 가치를 만들어내기 때문이다.

현장에서 내가 느낀 바에 따르면 5학년이 되면 아이들에게 특이점이 찾아오는데, 누구랄 것도 없이 대부분의 아이들이 몇 개월 사이에 갑자기 똑똑해진다. 마치 이때까지 사용하지 않던 뇌의 한 부분이 그 시기에 급격히 활성화되는 것처럼 그전과는 다른 인지 성장을 보인다(혹시 이 책을 뇌 전문가가 본다면 이 부분에 대해 알려주면 좋겠다).

공부가 재밌어지는 것은 5~6학년까지 마음이 준비된 아이들에게 드러나는 특성이다. 아이들이 자신의 가능성을 발견할 수 있도록 스스로 시작해야겠다고 느낄 때를 기다려줘야 한다. 그동안 공부를 과도하게 시켰던 아이가 아니라면 5학년 즈음부터 스스로 공부하겠다는 결심을 하게 될 것이다. 그때쯤 공부를 제대로 시작하면서 '나 공부 좀 잘하는 것 같은데?'라는 착각까지 더해진다면 금상첨화다. 중등 공부의 준비를 시작할 때가 된 것이다.

아이가 학습을 받아들일 준비가 됐다 싶을 때부터는 바빠져도 된다. 이 시기부터는 다량의 단어 암기도 본격적으로 시작할 수 있다. 초등 공부는 물이 들어올 시기를 기다려 노를 젓는 것이 중요하다. 단어 난도는 반 정도는 알고 반 정도 모르는 수준에서 시작하면 된다. 그러면 단어 암기가 그리 어렵지 않다는 걸 아이들도 금방 느낀다.

반대로, 어릴 적부터 너무나 많이 공부해온 아이는 5학년이 되어도 지금껏 몰랐던 것을 알게 되는 기쁨을 누리지 못한다. 공부에 대해 호기심이 생기고 자발성이 자라날 여유가 없었기 때문이다. 그래서 여전히 공부가 재미없다. 지루한 일상의 연속이고, 숙제의 반복일 뿐이다. 아이가 성취감을 느끼지 못하면 중등 과정은 어려울 수밖에 없다. 현장에서 겪어보면 공부의 내용이 어려워서가 아니라 공부할 마음을 먹기가 어려운 중학생이 훨씬 많다.

더불어 5~6학년 때는 스스로 공부법과 스타일을 찾아보는 시도를 해야 한다. 결국 아이는 중학교에 가서 자기에게 맞는 공부법을 찾을 것이다. 하지만 그전에 공부법과 스타일을 찾으려는 시도를 여러 번 해봐야 자기에게 맞는 방법을 찾아갈 수 있다.

한 예로, 단어 암기를 유독 어려워하던 5학년 아이가 있었다. 5학년이 시작될 무렵에 만났는데 영어에 대한 자신감이 많이 없는 상태였다. 특히 암기 숙제를 어려워해서 여러 번 틀리고 재시험을 보고, 그러다가 숙제를 안 해오기에 이르렀다. 나는 그 아이에게 이렇게 말했다.

"선생님은 단어가 가장 잘 외워지는 시간이 아침 일찍인지, 저녁

늦은 시간인지, 아니면 수업 중간중간에 있는 쉬는 시간인지 학생 때 다 실험해봤어. 이렇게도 외워보고, 저렇게도 외워보고…. 그렇게 해보니까 아침에 눈 떴을 때가 가장 암기가 잘 되더라. 그래서 그다음부터는 눈 뜨자마자 볼 종이를 머리맡에 적어두고 잤어. 눈 뜨면 바로 볼 수 있게 말이야. 지금 네가 단어가 외워지지 않는 건 머리가 나빠서가 아니야. 아직 너의 방법을 못 찾은 거지. 너는 아직 초등학생이고 지금은 시간이 많을 때니까 다 실험해봐. 고등학생이 되기 전에 알고 있어야 해, 네가 어떻게 공부하는 스타일인지. 그래야 네 스타일대로 편하게 공부할 수 있거든."

꽤 말이 없는 여학생이었는데, 내가 말해준 대로 해봤는지 그때부터는 다시 단어를 잘 외웠고 시험도 통과했다. 감정 표현을 좀처럼 하지 않는 아이의 얼굴에 번졌던 뿌듯한 미소가 아직도 생생히 기억난다.

어릴 때는 아이들이 칭찬받고 싶은 마음에 양육자가 시키면 무엇이든 할 수 있다. 보내는 학원에 모두 가고 숙제가 아무리 많아도 원래 그런가 보다 받아들이면서 꾸역꾸역 열심히 한다. 그랬던 아이들이 5학년, 6학년이 되면 제 의견이 생기고 제 생각을 갖게 된다. 어떤 어른도 왜 공부해야 하는지 이해가 가도록 차근차근 설명해주지 않고 무작정 그냥 공부하라고만 했을 것이다. 누군가 자신을 설득해주면 좋으련만 설명 없는 현실이 답답하고 수긍이 되지 않는다. '왜 이렇게까지 공부해야 하는 걸까? 내 친구 누구누구는 안 한다던데….'

심한 경우 이때부터 양육자와 본격적으로 갈등 구도에 돌입한다. 5~6학년에서 중학교 시절까지, 그 어느 때보다도 공부 머리가 크게 열리고 공부 방법과 스타일을 탐색해야 하는 시기에 공부에 대한 마음을 닫는 것이다. 지금껏 지겹도록 했던 공부, 지긋지긋한 숙제에 질려버려 그 나이에 생기는 사춘기 호르몬과 함께 세상에 대한 반항의 표현으로 공부를 접는다.

하지만 중학교 시절은 고등학교에서 공부하게 될 응용 과정을 위해 제대로 기본기를 쌓아야 하는 시간이다. 그 어느 때보다도 많은 암기량이 필요하고, 그 어느 때보다도 암기가 특화되는 시기다. 문제는 자신이 잘할 수 있다는 사실을 모른다는 점이다. 초등학교 때 뿌려진 공부 자신감의 씨앗이 중학생이 되어 새싹처럼 피어났느냐 아니냐에 따라 결과가 크게 좌우된다.

내 경험상 말로 떠들면서 암기하는 학생인지, 눈으로 보고 집중해서 암기하는 학생인지, 글로 쓰면서 암기하는 학생인지, 정도의 차이는 있지만 중학생치고 암기력이 떨어지는 학생은 거의 보지 못했다. 이 시절 아이들의 뇌는 정말 암기를 위해 준비된 시절이라고 해도 과언이 아니다. 그러니 중학교에 갈 때쯤 배우는 내용을 스스로 암기할 마음이 생기도록 만들어주는 것이 무엇보다도 중요하다.

그렇다면 중학교 때 암기도, 공부도 하지 않겠다고 선언하는 아이들의 마음은 언제쯤 바뀔까? 이런 아이들은 대부분 고등학교 1학년 말부터 2학년에 올라갈 때까지 공부를 접어둔다. 그러다 조금 빠른 경우 고1 여름방학 즈음에, 늦은 경우는 고2 중반부터 자신의 성적에 위기감을 느끼기 시작한다. 이때부터는 폭풍 같은 호르몬마저 잦아드는지 학생들은 이렇게 선언한다. 이제부터 정말 열심히 공부하겠노라고.

"선생님, 벌써 6월인데 저 어떻게 해요? 고3인데 담임선생님이 대입 상담을 한 번도 안 해주셨어요. 벌써 수시 원서 준비하는 애들도 있는데…."

고등학생들의 입시 지도를 하다 보면 해마다 그런 하소연을 하는 학생들이 있었다. 전교권이 아닌 대부분의 평범한 고등학생들은 학교에서 최소한의 관심도 주목도 받지 못한 채 그 누구도 신경 써주지 않는 경우가 종종 있다. 학교의 이름값을 드높일 만한 레벨의 대학은 어차피 가지 못할 아이들, 어느 대학이든 들어가기만 해서 학교 진학률을 떨어뜨리지 않으면 되는 아이들 말이다.

"그래, 울지 마. 선생님이 있잖아. 나랑 같이 해보자."

말은 그렇게 했지만 고등학교 때 등급 뒤집기는 쉽지 않다. 저렇게 울었던 학생은 결국 그해 대학에 합격하지 못하고 재수를 선택했다. 수능은 영어 한 과목만 보는 게 아니다. 게다가 중간중간에 있는 내신 시험과 수행평가, 각종 학교 행사에 참여하다 보면 고등학교 시절은 쏜살같이 지나가고 어느새 수능이 코앞인 순간이 온다.

정시 진학률 80~90퍼센트였던 시절을 생각해서는 안 된다. 지금은 수시 비중이 그만큼 크다. 아주 간단히 말해서 정시는 '그날의 수능' 한 번이지만, 수시는 고등학교 3년간의 내신 점수와 학생부 기록, 선택적 추가 사항으로 수능 등급까지 평가 사항에 포함된 영역이다. 게다가 앞으로 고등학교에 진학하는 아이들은 '고교학점제' 세대가 될 것이다. 고교학점제에서 고1 공통과목 점수는 아마 대입에 커다란 변수로 작용할 것이다. 공통의 기준으로 학생을 평가할 수 있는 시험이 고1 때 끝난다는 건 그만큼 중학교 때부터 미리 준비되어 있어야 한다는 뜻이다.

고등학교 준비는 중학교에서 공부한 내용 전부를 포함하는 기초로 다져진다. 그리고 중학교에서 공부할 준비가 된 아이는 초등학교 5~6학년에 인지한 자신에 대한 인식으로 만들어진다. 그러니 아이가 초등 고학년이라면 공부를 못해도 상관없으니 온갖 칭찬과 호들갑을 동원해서라도 스스로 공부를 잘한다고 믿게 만들자. 중학교에 진학하기 전에 공부가 쉽고 재미있다고 느끼면 절반은 성공이다.

이 시기 아이들은 자신이 잘한다고 생각해야 재미를 느낀다. 그 마음이면 중학교에 진학해서 못할 게 없다. 다른 아이가 잘하는 것은 상관없다. 중등 과정은 상대평가가 아니라 절대평가다. 중학교 성적은 내용이 어려워서가 아니라 공부할 마음이 없어서 나오지 않는다는 사실을 명심하자.

초등 5~6학년 → 공부를 잘한다는 착각

중학생 → 공부 자신감 상승 암기 실력 향상 기초 완성

고등학생 → 수능 준비 50% 완료

3

상위 1퍼센트의 비결은 점수가 아닌 태도다

"저는 관심을 받는 것을 딱히 좋아하진 않았어요. 나서서 무얼 하기보단 묵묵히 제 할 일을 하는 스타일이었어요. 지금도 기억나는 일이 있는데요. 초등학교 1학년 때 걷다가 넘어져서 무릎에 피가 났어요. 그런데 옆에 있던 친구에게 들키면 큰소리로 다쳤냐고 물어볼까 봐, 보건실에 가자고 할까 봐 민들레 씨로 관심을 돌려 제 다리를 못 보게 한 적이 있어요. 지금 생각하니 진짜 소심했던 것 같아요. 당연히 수업 중에 관심받는 것도 싫어서 선생님이 질문하실 때 나서서 대답한 적도 없었어요.

하지만 그런 성격이 친구 관계에서 크게 문제가 된 적은 없었어요. 항상 친한 친구들이 옆에 있었고, 친구들과 있을 땐 말도 많이 하는 편이었어요. 친구들과 걸그룹 댄스를 준비해서 장기자랑에서 춤출 만큼 친구들과 있을 땐 활발했던 것 같아요. 혼자선 조용하지만 친구들과 있을 땐 활발해지는 학생이었어요. 저는 딱히 문제아도 아니었고 엄청난 모범생도 아니어서 그냥 평범한 학생이었다고 생각하는데, 선생님들이 보시기에는 꽤 성실한 학생이었나 봐요. 반장, 부반장 외에 심부름을 시킬 일이 있으면 제게 자주 부탁하시곤 했어요. 저도 싫은 티 내지 않고 대부분 했던 것 같아요."

유진이는 고1이 되면서 나를 만나 대학 합격 여부까지 함께 확인했던 학생이었다. 그래서 유진이의 고등학교 시절에 대해서는 다른 학생들보다 비교적 자세히 알고 있다. 성실하고 조용한 학생이었고, 무엇보다도 나이답지 않게 우직했다. 고등학교 3년 동안 평균 평점이 1.2퍼센트였다는 건 대학으로 치면 졸업 평점이 4.4 정도 나온 것이다. 상위 백분위를 3년 평점으로 수치화한 점수이므로, 1.2퍼센트는 고등학교 3년 내내 전교 1등을 놓친 적이 없다는 뜻이다.

"초등학교 때 공부를 엄청나게 잘하는 편은 아니었지만 못하진 않았어요. 흥미가 있어서라기보다는 시험 기간이고, '점수가 잘 나오면 엄마가 좋아하시겠다, 언니처럼 시험 잘 봐야지' 이런 생각으로 공부했던 것 같아요. 다른 시험은 기억이 나지 않지만 초등학교 3학년 때 올백을 한 번 맞았었어요. 엄마에게 자랑할 생각에 온종일 행복했던 기억이 지금도 잊히지 않아요.

언니와 엄마의 영향이 컸다고 생각해요. 엄마는 중고등학교 성적에는 그렇게 민감하게 반응하시진 않았지만 제가 어렸을 땐 뒤처질까 봐 공부하는 법을 알려주시곤 했어요. 두 살 위인 언니가 시험 기간에 엄마와 공부하는 모습을 보며 자연스럽게 '나도 저래야 하는구나'라고 생각했고 저 또한 똑같은 절차를 밟았어요. 시험 범위를 먼저 혼자서 공부하고, 약속한 시간에 엄마가 시험 범위에 있는 내용을 물어보시면 대답하는 방식이었어요. 시험 점수를 잘 받아서 엄마에게 칭찬을 받겠다는 의지로 공부했지만, 시험 기간 외에는 따로 공부하지 않았고 선행 학습을 했던 기억도 없어요."

유진이가 초등학교 시절에 공부했던 예시에서 볼 수 있듯이, 초등 시절에 중요한 것은 심화가 아닌 탄탄한 기초 학습이다. 또 한 가지 중요한 것은, 공부한 내용을 잘 이해했는지 매번 확인하고 점검해줘야 한다는 것이다. 아이의 개별 수준을 정확히 파악하고 있는 어른이 아이가 공부한 내용을 일일이 묻고 답해주는 것. 초중등 기초 학습에서 모든 아이에게 필요한 교육 방식이라 할 수 있다. 유진이도 초등학교 때부터 바로 이 방법으로 공부해온 것이다.

모든 공부가 그렇겠지만 영어 공부는 특히 강의를 듣는 것보다 내용을 제대로 이해했는지 개별적으로 확인하는 과정이 더 중요하다. 즉 강의의 질보다 아이의 이해도를 우선순위에 두어야 한다. 그리고 학생의 나이가 어릴수록 그 과정은 더 자주 반복되어야 한다. '상대적인 인지 판단을 최소화하고, 아이의 공부 그릇의 크기를 객관적으로 바라보며, 꾸준히 지켜보는 역할을 하는 것', 이것이 양육자가 해줄 수 있는 초등 교육의 포인트라고 생각한다. 재촉하지 않고, 강요하지 않고 아이가 자신의 속도에 맞게 공부할 수 있도록 안내해줘야 한다.

초등 교육과 중등 교육은 정해진 답을 공부하는 과정의 연속이다. 하지만 그 뻔한 것을 모르는 아이들이 초등학생이다. 문제는 어른들이 인내심이 부족해서 아이들이 스스로 답을 찾을 때까지 기다려주지 않고 다그치거나 답을 바로 말해준다는 것이다. 아이는 그렇게 한 번 한 번 반복해가며 스스로 사고해서 답을 찾아낼 기회를 잃어간다. 어른이 주는 답에 익숙해진 아이는 초등 시절에 반드시 함양해야 할 스스로 사고하는 능력을 갖추지 못한 채 중학생이 된다. 그저 빨리빨리 정답을 알아내야 하는 테스트에 길이 들어, 점점 모르는 것을 부끄러워하는 아이로 자란다. 그리고 모르는 것이 당연한 나이의 아이가 모르는 것이 부끄러워지면 그때부터 공부할 의지를 잃는다.

반복되는 테스트는 어른들이 답답해서 자주 활용하는 방식이다. 하지만 처음 공부를 시작하는 아이들에게 반복되는 지필 테스트는 공부가 어렵다는 인식만 더해줄 뿐이다. 초등학생을 지도할 때는 답을 재촉하거나 미리 알려주지 않는 것이 중요하다. 다만 아이가 답으로 가는 길을 찾아갈 수 있도록 옆에서 지켜보면서 계속 질문을 해줘야 한다.

"그때는 이게 맞을까, 저게 맞을까?"

"그럼 이번에는 이게 맞을까, 저게 맞을까?"

"잘 모르겠으면 이렇게 한번 생각해볼까?"

"그렇다면 네 생각에 답이 무엇일 것 같아?"

인내심이 부족한 어른이 공부 못하는 아이를 만든다. 학원에서 선생님이 답을 말해주는 수업은 아이의 공부가 아니고 선생님의 공부다.

눈에 띄지 않는 평범한 초등학생이었던 유진이는 고등학생이라면 누구나 희망하는 명문 대학에 진학했다. 절대 이 아이가 초등학교 때부터 아주 특별했거나 두각을 나타내서 입시 결과가 좋았다고 생각하지 않는다. 양육자의 강요나 압박 없이 좋은 공부 습관을 만들며 초등학교 과정을 지나왔고, 그 후로도 공부한 내용을 반복해서 확인하는 방식을 통해 고등학교에 가서도 스스로 안정된 학습을 할 수 있었다. 고등학교 3년 내내 나와 했던 공부 방식도 비슷했다. 다음은 내가 아이들을 학습 지도할 때 적용하는 공부 방식으로, 아이의 기존 공부 방식을 점검할 때 참고하길 바란다.

- 대강이라도 일정한 범위를 우선 공부하게 한다. 이때 모르는 부분은 인강을 들어도 좋다(인강도, 직강도 초등, 중등의 아이들은 어차피 강의를 들으면 반은 흘려보낸다).
- 스스로 한 공부에서 부족한 부분을 찾아준다. 방금 공부했던 범위 내의 문제를 풀어서 그 자리에서 채점하고 무엇이 틀렸는지 보여준다(그러면 아이는 공부를 대충 했거나 강의를 대강 들었다는 것을 인정한다. 이때 혼낼 필요는 없다).
- 이제 어느 부분을 틀렸는지 확인했으니 그 부분만 집중적으로 잠깐 복습하자고 한다('잠깐'이 포인트다. 그 잠깐에 집중력이 확 뛰어오른다).
- 마지막으로, 부족한 부분까지 모두 암기했는지 암기한 내용을 일정한 시차를 두고 여러 번 반복해서 확인해준다.

꽤 오래전 일임에도 불구하고 지금까지도 유진이를 특별하게 기억하는 이유는 단지 '대입 결과'가 좋았기 때문이 아니라 보통의 고등학생들과 다르게 큰 기복 없이 고등학교 3년 내내 '꾸준한 공부 태도'를 유지했기 때문이었다. 고등학교 시절 공부를 꾸준히 지속하는 태도는 초등학교 때 과도한 학습으로 공부에 질린 아이가 이뤄내기 어렵다. 결국 초등학교 때 준비해야 할 것은 공부의 양이 아니다. 공부에 대한 태도, 즉 인식과 마음가짐이다.

입시 관리는 곧 시간 관리다

고등학생들의 입시 지도를 했을 때 나는 영어 선생님이었지만, 높은 영어 성적만으로 좋은 대학에 갈 수 있는 건 아니라서 다른 과목들도 함께 관리해주곤 했다. 고등학생을 지도할 땐 성적 관리만큼이나 마음 관리도 중요하다. 오래전 유행했던 TV 드라마 〈스카이 캐슬〉에서 김주영 선생이 학생들에게 시킨 마음 훈련은, 방향성은 잘못되었지만 현실적으로는 필요한 부분이기도 하다. 고등학교 여학생들은 주기적으로 마음이 약해져 눈물을 보이는 경우가 자주 있고, 남학생들은 웬만하면 어른에게 속을 잘 열지 않기 때문에 일단 친해져야 학습 가이드를 해줄 수 있다. 그래서 입시 과정을 처음부터 끝까지 함께하고 나면 관계가 끈끈해지곤 한다.

영어 학원에서 입시와 관련해 도움을 받고자 하는 고등학생들은 크게 두 부류로 나뉜다. 첫 번째는 영어 내신 1~2등급, 모의고사 2~3등급 정도를 유지하고 있는, 중학교 때 기초를 잘 다진 경우다.

두 번째는 내신은 하위 등급, 모의고사 5등급 미만으로 기초가 전혀 없는 경우다. 그 중간의 성적을 기록하는 학생은 위의 두 부류보다 학원에 오는 비율이 낮다. 그리고 위의 두 부류 학생 중 상위권과 하위권의 비율을 살펴보면 2 대 8 정도로, 하위권 학생들의 비중이 월등히 높다.

사실 하위권 학생들의 경우 영어의 기초부터 차근차근 다져줄 시간이 없다. 그래서 과정이 고생스럽더라도 정말 부딪혀볼 의지가 있는지 확인한 뒤에 엄청난 양의 단어 암기 그리고 모의고사 풀이 순서로 지도한다. 고등학교 시기에 뒤늦게 기초 공부를 시작하는 경우는 살인적인 일정을 감당할 준비가 되어 있는가에서 판가름 난다. 100점 만점인 영어 모의고사에서 30~40점대를 받은 6~7등급의 학생이라도, 성실하게 가이드를 잘 따라오기만 한다면 6개월 안에 3~4등급까지 오를 수 있는 공략법을 사용한다.

한편 상위권 학생들은 성적이 이미 높기도 하고 자신만의 공부법이 있는 경우가 대부분이다. 어느 정도 공부 자신감도 있어서 학원 선생님들을 신뢰하지 않는 경우도 많다. 그래서 이 학생들의 성적을 더 향상시키려면 선생님을 신뢰하게 만드는 과정이 필요하다. 그 과정을 거쳐야 비로소 선생님의 가이드에 따라 자신의 공부법을 바꿔보려고 시도한다.

"30점대를 80점까지 올리는 것보다 89점이 95점 받는 게 더 오래 걸린다."

고등학생들을 가르칠 때 내가 자주 했던 말이다. 실제로 모의고사에서도 2등급이 1등급으로 안착하는 데에 시간이 가장 오래 걸린다. 다음은 내가 고등학생들을 지도하면서 시간 관리에 대해 조언한 내용들이다.

- 잠잘 시간을 줄이지 않아도 되니 잠은 푹 자라. 그래야 공부 효율이 올라간다.
- 하루 24시간에서 잠자는 시간을 넉넉히 7시간 잡아도 17시간이 남는다. 그 17시간을 알차게 써야 한다.
- 공부를 시작할 때는 타이머를 켜라. 타이머가 돌아가는 시간은 100퍼센트 공부에 집중하는 시간이어야 한다.
- 화장실에 가고 싶으면 잠깐 타이머를 멈추고 다녀와라. 밥 먹는 시간, 씻는 시간, 이동 시간 모두 타이머를 멈춰라.
- 졸리면 타이머를 멈추고 10분 쪽잠이라도 잠깐 자고 나서 곧바로 다시 시작하라.
- 공부를 정말 열심히 하면 머리에서 모락모락 김이 나는 느낌이 든다. 타이머가 켜져 있는 시간에는 그 정도로 집중하라.
- 그렇게 모은 하루의 총 공부 시간을 저녁에 잠들기 전에 선생님에게 사진으로 전송하고 뿌듯하게 잠자리에 들어라.

고등학생이 되었음에도 아직 자기 관리, 시간 관리가 안 되거나 아예 공부 자체를 어떻게 해야 하는지 모르는 학생들도 많다. 이런 경우 우선 시간을 알차게 활용하는 방법부터 훈련해야 한다. 상위권 학생들은 시간 관리는 이미 통달했기 때문에 각자의 공부나 시험에서 버릇처럼 반복하는 실수를 찾아내 고쳐주면 된다. 그러고 나면 앓던 이가 빠진 듯이 기뻐한다. 하지만 하위권 학생들은 공부를 제대로 해본 적이 없기 때문에 효율적인 시간 사용 방법을 알려주고 좋은 습관을 형성하게 하는 것이 우선이다.

고등학교 때 내게 지도를 받았던 학생들은 늘 타이머를 가지고 다녔는데, 하루 총 공부 시간을 타이머에 기록해서 매일 하루가 끝날 때 내게 사진으로 전송했다. 이 방법은 특히 방학 때 더 유용했다. 보통 12시간 이상, 많게는 14시간 이상씩 기록된 타이머 사진을 보내는 학생들도 있었다. 그런 과정도 선생님 말씀에 따라 열심히 해본 학생들과 시도조차 해보지 않는 학생들로 나뉜다.

어른의 삶이나 아이들의 삶이나 결국은 같다. 해봐야 알고, 해봐야 는다. 중요한 사실은 그렇게 하루에 10시간 이상씩 모아 공부하고 내게 사진을 전송했던 학생들의 대입 결과가 모두 좋았다는 점이다.

5

공부법을 완성한
상위권 고교생들의 습관

톨스토이의 책에 이런 구절이 있다. "행복한 가정은 서로 닮았지만, 불행한 가정은 모두 저마다의 이유로 불행하다." 이 구절을 고등학생들에게 적용하면 '상위권 학생들의 공부법은 서로 닮았지만, 하위권 학생들의 공부법은 저마다의 이유로 다르다'라고 할 수 있다.

상위권 학생들의 교과서를 보면 대부분 비슷하다. 이들의 교과서에는 시험에 나올 만한 문제 유형이 색깔별로 다 표시되어 있다. 마치 선생님의 머릿속에 앉아 있는 것 같다고나 할까? 내가 선생님이라면 이런 내용은 이런 문제로 내겠다고 정리를 마친 상태다. '이 문장은 서술형 – 완벽 암기!', 'to 부정사의 용법 고르는 문제', 'it~that 강조 구문 vs 가주어·진주어 구문' 등 시험에 나올 법한 유형이 교과서에 빼곡하게 표시되어 있다.

이것이 중학교에서 모든 개념을 완벽하게 정리하고 고등학교에

⏩ 대학수학능력시험 모의고사 시간표

교시	시간	과목
입실 시간	오전 8:10까지 입실	
1교시	오전 8:40~10:00	국어
2교시	오전 10:30~오후 12:10	수학
3교시	오후 1:10~2:20	영어
4교시	오후 2:50~4:37	한국사 / 사탐 / 과탐 / 직탐
5교시	오후 5:05~5:45	제2 외국어 / 한문

진학한 학생들의 공부법이다. 어차피 문법 시험이야 중학교 3년 내내 봤고, 난도가 조금 올라갈 뿐 문법은 고등학교 때도 같으니 말이다. 그 외에 수업 시간에 선생님이 하는 말씀 중에 혹시 놓친 것은 없는지, 검은색 펜으로 깨알같이 교과서에 적어놓는 것도 상위권 아이들의 공통점이다.

수능 모의고사에서 문법은 두 문제 정도가 나온다(2024년도 수능 기준으로는 세 문제: 29번, 30번, 42번). 영어 모의고사는 총 45문제로, 그중 17문제가 듣기평가이며 제한 시간은 70분이다. 중간중간 나오는 3점짜리 고난도 문제를 빼면 나머지는 모두 2점짜리다. 문법 문제 한두 개는 대부분 3점짜리 문항에 포함된 경우가 많다.

재미있는 점은 교과서와 마찬가지로 상위권 학생들의 모의고사 시험지도 비슷한 특징이 있다는 것이다. 이들의 공통점은 바로 '낙서'다. 수능은 영어든 국어든 지문이 매우 길다. 읽으면서 동시에 정리해야 바로 문제를 풀고 넘어갈 수 있다. 70분 영어 시험 시간 중에서 25분을 듣기평가에 쓰고 나면 45분이 남는데, 28문제를 그 시간 안에 풀어야만 하는 것이다. 한 문제당 2분을 채 쓰지 못한다. 따라서 긴 지문을 읽으며 동시에 내용을 정리하는 습관을 가진 상위권 학생들의 경우 시험지에 한글로 적힌 낙서가 상당할 수밖에 없다.

여기서 낙서는 지문을 읽으며 밑줄을 치거나 중간중간 단어에 동그라미를 반복해서 그리는 의미 없는 연필 긋기를 말하는 것이 아니다. 상위권 학생들은 중요한 키워드들을 시험지 위에 단어로 적어 두는 메모식 낙서를 한다. 결국 주제와 키워드를 찾는 이 과정을 실시간으로 해낼 능력이 있어야만 모의고사에서 고득점을 받는다.

영어도 문법과 단어와 해석을 넘어서고 나면 그 순간부터는 언어영역 문제와 크게 다르지 않다. 그래서 영어 1등급을 받기 위해서는 반드시 언어영역(국어) 실력이 뒷받침되어야 한다. 언어 감각이 없으면 영어에서도 1등급을 달성하기가 어렵다.

단어 암기와 모의고사 문제 풀이 스킬로 모의고사 3등급까지는 무난하게 올려줄 수 있는 영어와 달리, 언어영역은 고등학교 때 좀처럼 등급이 오르지 않는다. 문맥을 파악하는 힘은 글을 요약해서 핵심을 빨리 파악하는 능력에서 기인하기 때문이다. 이 능력은 어려서부터 꾸준하게 연습해야 한다. 입시 유형 중 하나인 논술을 위해서라도 반드시 초등학교 때부터 교과서 위주로 읽으며 공부하고, 글을 요약하는 습관을 들여야 한다.

키워드를 제외하고 상위권 학생들의 시험지에서 확인할 수 있는 또 다른 중요한 낙서는 연결사 포인트 체크다. 연결사는 글의 흐름을 전환하거나 이어주는 아주 중요한 지점이다. 긴 글을 물 흐르듯 읽을 수 있고 말하는 이의 생각의 전환을 빨리빨리 알아차리려면 반드시 연결사를 파악하는 능력을 길러야 한다. 고득점 학생들의 시험지에는 주요 연결사에 모두 체크가 되어 있다.

결국 명문대도, 대기업도 성적이 높은 학생들을 뽑는 이유는 한 가지다. '들은 말에 대한 요약을 얼마나 잘하는가?', '말의 요점을 얼마나 빨리 파악하는가?' 대학에서는 강의 내용을 듣고 잘 파악해서 스스로 심화하는 능력을, 회사에서는 업무 지시를 잘 요약하고 파악해서 알맞게 실행하는 능력을 보려는 것이다. 수능에서 요구하는 문장의 해석과 요약 능력은 그렇게 사회와 연결된 시험이라고도 볼 수 있다.

이 외에도 동의어, 유의어, 반의어를 파악하는 능력도 긴 글을 요약하는 데 아주 중요하다. 이 또한 우선은 국어로 연습해야 한다. 대개 95점 이상으로 1등급을 받는 학생들의 시험지에는 문맥상의 동의어와 반의어의 관계까지 표시돼 있다.

결국 영어를 잘하려면 초등학교 때 국어를 미리 공부해둬야 한다. 초등학생의 사교육 비중은 영어와 수학이 압도적으로 높지만 중학생, 고등학생으로 올라갈수록 국어의 사교육 비중이 점차 커진다. 하지만 국어는 고등학교 때 점수를 올리기가 가장 힘든 과목이다. 그래서 대입 과정에서 유수의 대학들은 가장 큰 변별력을 언어영역에 두고 있다.

6

대입을 위한 초등 영어 제대로 이해하기

초등학생인 아이에게 영어 공부를 시키는 이유는 크게 두 가지로 나눌 수 있다. 첫째, 영어를 모국어처럼 구사하게 하기 위해서다. 둘째, 중학교 내신부터 본격적으로 시작되는 대입을 위해서다. 대부분 양육자는 아이가 어릴 때는 대입을 멀게만 느껴서 듣기나 읽기에 집중된 회화식 영어 교육을 시작한다. 그러다 초등 5~6학년이 되어 중학교 내신 성적에 대한 걱정이 시작되면 방향을 바꿔 문법을 공부하게 한다.

아이가 어릴 때 시킨 '영어 공부'란, 말 그대로 영어의 모든 것이 포함된 총체적인 영어 학습이었을 것이다. 양육자 대부분이 그저 우리 아이도 영어를 잘했으면 하는 막연한 생각으로 교육을 시작하기 때문이다. 그런데 막상 아이가 고학년이 되고 나면 그동안 아주 중요한 것을 빠뜨린 채 영어 공부를 시키고 있었다는 것을 깨닫는다.

나는 초등학교 때부터 유학이나 이민을 준비하는 경우가 아닌,

한국에서 중고등학교에 다니면서 대입을 준비해야 하는 아이들의 초등 영어 공부에 관한 이야기를 하고자 한다. 앞서 상위권 고등학생들의 공부법을 훑어본 이유도 그 때문이다. 그 학생들은 어릴 때부터 과하게 영어 공부를 하지 않고도 기초에 충실하게 교과서 중심으로 공부해서 좋은 성과를 냈다. 또한 영문법에 대한 이해가 대부분 중학교에서 마무리된 상태에서 고등학교에 진학한다는 공통점도 갖고 있었다.

그렇다면 대입을 위한 초등 영어 공부는 처음부터 어떤 방식으로 시작하면 좋을까? 애초에 영어 공부를 시작할 때부터 기본에 충실하되 문법까지 제대로 습득할 수 있는, 그러면서도 아이들이 느끼기에 조금 더 편안하고 효율적인 방법은 없을까?

초등학생 양육자들이 2~3년에 한 번씩 영어 교육법에 대한 관점이 달라져 흔들릴 때, 아이의 중학교 입학을 앞둔 전환기 시기에 무엇을 우선순위로 둬야 할지 고민될 때 참고할 수 있는 12년 영어 교육 과정을 로드맵처럼 제시하는 가이드북이 있으면 좋을 것 같았다. 사교육을 안정시키고 싶다면 양육자들의 불안감을 먼저 잠재워야 한다. 그러면 지금처럼 시행착오를 반복하는 일도 줄어들 것이다.

영어 교육에서 초등학생 양육자가 가장 중요하게 생각해야 할 것은 바로 영어 공부의 '순서'다. 아이가 처음으로 영어를 접할 때는 음원을 들으며 기초 알파벳을 익힌다. 그 시기의 듣기는 중요하다. 소리를 어떻게 내는지 감을 잡는 데는 많이 들어보는 것만큼 좋은 방법이 없기 때문이다. 문제는 그다음이다.

한번 생각해보자. 만약 알파벳과 기초 파닉스만 익힌 아이가 원어민 선생님이 하는 이야기를 그저 듣기 위해 학원에 가거나(파닉스 이후에는 듣는 것만으로는 영어가 늘지 않는다), 잘 이해하지 못하더라도 바로 다양한 영어책을 읽거나(읽는다기보다 보는 것에 가깝다. 영어책은 문장을 스스로 활용할 수 있을 때 읽는 것이 더 도움이 된다), 초등학교 때부터 문법 문제집으로 영어를 시작하거나(문법 문제집에는 한자 용어가 너무 많다. 4학년 미만의 학생들에게는 한글도 어렵다), A4 용지 한 장 분량의 영작 숙제를 해야 한다면(한 문장의 어순도 이해하지 못하는 아이에게 이런 숙제는 과하다)? 언어 능력에 탁월한 감을 지닌 아이라 할지라도 네 가지 방법은 모두 쉽지 않을 것이다.

만약 순서를 달리해서 위의 네 경우가 아닌 바로 기초 영어 문장 쓰기부터 시작했다면 어땠을까? 아이가 아주 짧은 문장부터 더듬더듬 시작하더라도 영어 문장의 어순을 이해하면서 문장을 만드는 법을 먼저 공부하기 시작했다면 그 후의 과정은 어떻게 달라졌을까?

영어 실력이 기대만큼 성장하지 않은 채 초등학교 고학년이 된 아이의 양육자들은 갑자기 마음이 급해진다. 아주 어릴 때부터 또는 유치원 때부터 영어에 꾸준히 노출된 아이의 양육자라도 해도 이후 중학교, 고등학교에서 어떤 흐름과 로드맵으로 공부해야 할지 잘 모르다 보니 막막하고 조급해진다. 그래서 무작정 아이를 사교육 시장으로 내몰고 만다. 하지만 이는 가장 중요한 시기에 아이를 영어에 질리게 만드는 원인이 된다. 잘못된 공부 방법으로 인해 아예 돌아오지 못할 강을 건너는 위태로운 시기가 바로 이 초등 5~6

학년이다.

이는 양육자인 학부모들만의 문제는 아니다. 아이들 역시 중학교에 가서 자신이 어떤 식의 영어 교육을 받을지 알지 못한다. 그 상태로 가장 많은 양의 공부를 해야 하는 중학교 시기에 공부에서 가장 멀어진다. 이는 유아기 때부터 초등학생 때까지 잘못된 순서로 영어 공부를 해온 게 원인인 경우가 많다. 내가 안타까워하는 지점도 바로 이 부분이다. 어린 나이에 소화하기에는 너무 힘든 방식, 암기하거나 주입하는 방식으로 영어 공부를 시작해서 고학년 즈음부터 결국 공부에 지쳐버리는 경우를 너무 많이 봐왔기 때문이다.

초등 영어의 키는 '재미'와 '성취감'이다. 아이들이 영어를 공부하며 재미를 느끼고 실력이 는다는 뿌듯함을 느낄 수 있어야 한다. 매달 보는 레벨 테스트로 인해 자신감이 떨어지거나 숙제에 짓눌려서는 안 된다. 영어는 숙제나 시험이기 이전에 언어다. 한국어든, 영어든 말하기에 자신감이 없으면 아이도 사람인지라 입을 닫게 된다.

나는 파닉스 과정 이후에 과감히 공부 순서를 뒤집어서 문장 만들기부터 해볼 것을 추천한다. 아이가 스스로 문장을 만들 수 있도록 공부 방향을 바꿔주자. 아이들이 영어에서 성취감을 느낄 수 있으려면 기초 문장을 만드는 연습부터 차근차근 밟아야 한다. 영어의 문장이 왜 이런 순서로 되어 있는지 알아가는 시간이 필요하다.

말하기는 스스로 어느 정도 문장을 구성할 수 있을 때부터 늘기 시작한다. 무작정 원어민 앞에 데려다 놓는다고 아이에게 문장을 구성할 능력이 생기지 않는다. 듣기도 마찬가지다. 내가 말할 수 있는 문장은 들린다. 읽기는 어떤가? 문장력을 어느 정도 갖춘 아이가 원서를 읽기 시작하면 영어 실력에 날개를 다는 것과 같다. 파닉스가 끝난 아이에게 가장 필요한 것은 원어민 교사가 아니라 바로 문장력이다.

문장 안에는 문법도, 단어도 모두 들어 있다. 처음부터 문장력을 바탕으로 영어 공부를 시작하면 고학년에 문법을 다시 공부하지 않아도 된다. 이미 문장을 쓰면서 기본적인 문법을 체득했기 때문이다. 파닉스 이후에 바로 영어를 이 방식으로 학습해온 아이는 말하기, 쓰기, 듣기, 읽기 모두 가능한 실력을 갖추고 중학교에 들어갈 수 있다. 그리고 이런 아이는 중학교 때 익히는 문법만으로도 이미 고등학교에서 필요한 기본기를 모두 갖추고 고등학교에 입학할 수 있다.

이렇게 초등 영어의 공부 순서를 바로잡는 것만으로도 대입을 준비할 수 있다. 나아가 대학 진학 이후에 다시 학원에 다니면서 배우는 영어 회화까지도 미리 해결할 수 있다. 아이가 당장 유창하게 영어를 말하길 바라지 말자. 양육자가 할 일은 하나씩 순서를 바로잡아 주면서 아이가 기초를 배워나갈 시간을 허락해주는 것이다. 초등 영어는 과하지 않게 천천히 진행하는 것이 중요하다. 아이가 영어 공부에 부담을 느끼지 않고 기초를 탄탄하게 쌓아가는 것이야말로 상위권 고등학생으로 나아가는 지름길이라는 걸 꼭 기억하자.

ELEMENTARY ENGLISH STUDY

PART
2

영어 공부,
순서만 바꿔도
길이 보인다

몇 년에 걸쳐 영어 문장 구조를 자기 것으로 만든 학생은 중등 내신, 수능 영어, 나아가 영어 회화에서도 자유로워질 수 있다. 그 문장력의 기초 위에 문법, 단어 등을 추가하며 공부하면 매일 숙제와 씨름하며 고생하지 않고도 쉽게 영어 실력을 늘려나갈 수 있다. 그러니 문장도 만들지 못하는 아이가 단어 암기만 하고 있거나, 기초 문장도 쓰지 못하는 아이가 한 장짜리 영작 숙제에 힘들어하고 있다면 반드시 영어 공부의 순서를 재고해야 한다. 초등 영어에서 무엇보다도 중요한 것은 공부 순서를 점검해주는 일이다. 처음이 중요하다. 그렇게 공부의 순서만 바꿔도 대입까지 해결되는 탄탄한 기초를 만들 수 있다.

대형 어학원의
레벨 테스트 바로 알기

우리 아이의 영어 레벨 지수가 얼마나 되는지는 초등학교 저학년 양육자들 사이에서 초미의 관심사다. 간혹 양육자 중에는 분기별로 아이와 한 번씩 레벨 테스트를 받으러 가는 경우도 있다. 하지만 레벨 테스트는 점수가 잘 나와도 불안하고, 잘 나오지 않아도 불안하다. 만약 레벨 테스트에 대해 조금 더 자세히 알게 된다면 그렇게까지 조바심을 내거나 걱정하지 않을 것이다. 많이 통용되는 것을 몇 개만 간단히 알아놔도 모르는 것에 비해 두려움을 줄일 수 있다. 현재 국내에서 많이 쓰이는 레벨 테스트를 크게 네 가지로 분류하면 AR, Lexile, SR, CEFR 정도라고 할 수 있다.

AR

AR(ATOS Book Level)은 미국의 르네상스 출판사에서 제공하는 독서 능력 지수로 어휘, 즉 영어 단어의 난도를 측정하는 기준이다. 르네

상스 출판사 홈페이지(arbookfind.com)에서 책 제목을 검색하면 그 책의 AR 지수를 알려준다. 레벨은 K~13단계까지 있고 소수점의 앞자리 숫자가 미국 학생 학년 기준이라고 보면 된다. 소수점 뒷자리는 0~9까지 쓴다. 예를 들어 AR 지수가 1.6인 경우 미국 초등학교 1학년 6개월 정도 된 아이의 어휘력을 가지고 있다고 보면 된다. 영어책을 처음 접하는 아이의 경우 AR 0~1점대 책에서 시작하면 무리 없이 재미있게 시작할 수 있다.

Lexile

Lexile은 미국에서 가장 보편적으로 사용되는 리딩 지수로 아마존에서 어린이 책을 검색할 때 책에 대한 요약과 함께 '렉스 식 측정치'라고 해서 Lexile 지수를 제공한다. 미국의 메타메트릭스에서 개발했고 독자의 읽기 수준(Lexile Reader Measure)과 책의 난도(Lexile Text Measure)를 수치화한 점수다.

 Lexile은 BR, 즉 Beginning Reader 단계부터 시작한다. AR 지수가 단어 수준을 주로 보는 점수라고 한다면 Lexil 지수는 문장 수준을 가늠하는 척도라고 볼 수 있다. 수능은 Lexile 지수로 1,300~1,400점 정도가 요구되고, 학교나 직장에서 요구되는 일반적인 영어 수준의 수치도 1,300점대 중반 정도다. 흔히 AR과 Lexile 지수를 함께 표기하는데, AR 0~1점대 책의 Lexile은 BR~220 정도다. 렉사일 공식 홈페이지(www.lexile.com)에 가보면 책 레벨과 렉사일 관련 정보를 제공하니 참고하길 바란다.

SR

Lexile을 세분화했을 때 AR은 Lexile Text Measure로 책 속에서 수준을 평가하는 점수이고, SR(Star Reading)은 Lexile Reader Measure로 책 밖의 읽는 사람의 독서 수준을 평가하는 점수라고 할 수 있다. AR과 마찬가지로 학년별로 단계가 나뉘어 있다. SR 지수를 측정하고자 한다면 학원에 미리 문의해서 SR 지수 테스트가 가능한지 확인해야 한다.

CEFR

CEFR(Common European Framework of Reference for Languages)은 유럽 공통 언어평가 기준이다. 유럽연합 내에서 각 언어의 레벨을 6단계로 구분해서 수준을 정한 척도로, 영어 및 유럽 내 다국어 측정에 모두 사용한다. AR, Lexile이 텍스트 내에서 평가 기준을 정한다면 CEFR은 영어 말하기(speaking)와 쓰기(writing)까지 포함된 종합 점

■ AR, Lexile, CEFR 레벨 비교(참고용)

AR	Lexile	CEFR
0.5~1.0	BR~220	A1
1.0~2.0	220~500	
2.0~3.0	500~650	A2
3.0~4.0	650~750	
4.0~5.0	750~900	B1
5.0~6.5	900~1,000	

순서만 바꿔도 대입까지 해결되는 초등 영어 공부법

수 평가다. 레벨은 A1, A2, B1, B2, C1, C2까지 총 6레벨이고 뒤로 갈수록 수준이 높다. 예를 들어 프랑스 기준 B2의 프랑스어 실력이면 프랑스 대학에 입학 허가를 내주는 수준이므로 꽤 높은 레벨이다.

이 외에도 다음의 수치까지 레벨 테스트에서 확인해주는 경우도 있으니 참고하길 바란다.

- SS: 정답률/문제 난도에 근거한 점수
- GE: 미국 현지 학생들과의 비교 점수
- IRL: 효과적으로 학습할 수 있는 학년 수준
- ORF: 1분 안에 읽고 파악할 수 있는 단어의 수
- ZPD: 권장 독서 범위

이상의 레벨 테스트 지수 정도만 알아두면 여느 학원에서 사용하는 테스트는 대부분 이해했다고 볼 수 있다. 하지만 레벨 테스트 점수가 곧 아이의 영어 실력이라고 믿어서는 안 된다. 양육자들의 요청에 따라 나도 학생들의 AR & Lexile 레벨 테스트를 진행하곤 하지만, 테스트 결과가 아무리 높게 나왔어도 문장 쓰기를 시켜보면 기초적인 문장도 만들지 못하는 학생들이 많다. 내 기준에서는 5학년이고 AR 지수 4~5점대가 나왔어도 be 동사와 일반동사의 쓰임을 구분하지 못하는 아이라면, 3학년이고 AR 지수가 1점대라도 be 동사와 일반동사의 쓰임을 구분하는 아이보다 실력이 낮다고 판단한다.

따라서 레벨 테스트는 어디까지나 아이의 실력을 가늠하는 데 참고만 하는 수준으로 활용하는 것이 좋다. 레벨 테스트에서 좋은 점수를 받지 못했다고 의기소침해하거나 불안해할 필요도 없다. 좋은 점수를 받았다고 해서 무조건 영어를 잘한다고 판단할 수도 없기 때문이다. 특히 AR 지수가 높다는 것은 아이가 알고 있는 어휘의 양이 많다는 평가일 뿐이다. 하지만 이것이 정확한 해석 능력, 쓰기 능력, 듣기 능력과 전체적인 영어 실력을 평가할 수 있는 척도는 아님을 기억해두자.

레벨 테스트에도 유효 기간이 있다?

대체로 1970~1980년대생인 양육자 세대에게 영어는 중학교에 들어가서 배우는 과목이었다. 하지만 성인이 되고 보니 영어를 너무나 늦게 배웠다는 것을 깨달았고, 삶의 문턱마다 영어라는 걸림돌이 여러 번 발목을 잡았을 것이다. '대체 중고등학교 때 배운 건 뭘까?' 싶은 생각과 함께 '조금 더 일찍 시작했더라면 좋았겠다'라는 후회가 밀려오지만, 성인이 되어서도 늘 시작만 했던 영어가 지금까지도 발목을 놓아준 것은 아니다.

그래서 지금의 양육자 세대는 자녀들의 영어 교육에 헌신적일 수밖에 없다. 내가 했던 후회를 아이가 반복하지 않길 바라는 마음 때문이다. 그러면 정말로 영어 공부를 몇 년 일찍 시작한 아이들은 중고등학교 시절과 이후 사회생활을 할 때 영어 때문에 고생하지 않을 수 있을까? 잠시나마 양육자의 마음을 안정시켰다가 다시 위협하곤 하는 레벨 테스트는 아이의 영어 수준을 얼마나 정확하게 측정하는 걸까?

초등학교부터 중고등학교까지 유기적으로 이어지도록 영어 학습을 지도하다 보니, 나는 주로 초등학교 1학년부터 중학교 3학년까지 학생들을 가르치고 있다. 그리고 상담을 진행하면서 초등학교 입학 시기, 3~4학년 시기와 5~6학년 시기에 양육자의 마음이 크게 한 번씩 요동치는 것을 알 수 있었다. 그중에서도 자녀의 영어 공부에 대해 인식이 가장 급변하는 시기가 초등 5~6학년인데, 이때부터는 지금껏 영어 학원에서 본 레벨 테스트와는 무관하게 중등 내신 학원의 중요성이 급부상한다.

중등 내신 학원에 가면 지금껏 봤던 레벨 지수들을 뒤로하고 갑자기 중고등 문법을 배운다. 결국 아이의 중등 실력을 책임져주지 않는 레벨 테스트 점수는 유통기한이 초등학교 4학년까지인 것이다. 사실 레벨 테스트는 아이가 아는 단어만 징검다리 식으로 해석해도 AR 4점대까지의 결과도 가능하다. 그래서 4점이라는 점수대가 정말 제대로 된 평가인지 아닌지는 결과로 나온 숫자만으로는 정확히 확인할 수 없다.

그러니 레벨 테스트가 아이의 영어 공부에서 정말 중요한 기준인지 한번 생각해보자.

- 레벨 테스트 점수가 높다고 해서 중등 내신 점수가 높은 것은 아니다.
- 레벨 테스트 점수가 높은데도 불구하고 기초 문장도 만들지 못

하는 아이들이 많다.

- 중학교 수행평가는 대부분 문장 쓰기로 이뤄지는데, 이는 읽기 레벨 테스트와는 무관하다.
- 레벨 테스트로 아이의 영어 실력을 짐작하는 기한은 초등 4학년 정도까지다.
- 레벨 테스트를 볼 때마다 아이는 스트레스를 받는다.

이런 상황인데도 레벨 테스트에서 점수가 높게 나오면 양육자는 과연 위안을 얻는가? 언어 공부는 결국 자신이 하고 싶은 말을 할 수 있는가 없는가가 관건이다. 말을 할 수 있으려면 스스로 문장을 만들 수 있어야 한다. 그리고 문장이 왜 그런 구조로 생겼는지 설명한 것이 문법이다. 학교에서 진행하는 영어 공교육만으로도 전 국민의 90퍼센트 이상이 영어를 모국어 수준으로 구사할 수 있는 독일이나 필리핀의 경우를 보면, 우리나라에서 영어 교육에 들이는 어마어마한 사교육비가 안타까울 노릇이다.

하지만 한국에서 중고등학교 영어 교육은 아직도 말하기나 쓰기보다는 문법 위주다. 초등학생이 다니는 학원만 해도 스스로 말하기보다는 주로 원어민 선생님의 유창한 영어를 듣는 시간이 많고, 문장 구조를 수준에 맞게 이해하는 개별 지도 없이 영어 쓰기는 거의 숙제로 진행한다. 초등 영어의 교육 과정이 테스트 위주로 진행되는 건, 문장 구조를 모르는 초등학생들에는 무의미한 시간일 뿐이다. 초등 영어의 황금 같은 시간인 3학년부터 6학년까지, 문장의 구조를 모른 채 지나버리는 경우가 많다. 무엇보다도 이 시기에는 아이가 처음부터 스스로 문장을 만들 수 있도록 교육하는 것이 중요하다.

4학년까지는 분명 레벨 테스트 점수가 높게 나왔는데 문법 실력으로 이어지지는 않으니 기준을 모르는 양육자는 답답할 뿐이다. 그래서 5~6학년이 된 아이들이 대거 중등 내신 대비 학원으로 보내진다. 아이들도 어려서부터 영어 공부와 숙제에 그렇게 시달려왔는데, 중등 문법 학원에서 다른 패턴의 영어로 다시 공부하려니 또 다른 지옥이 열리는 기분일 것이다.

'예비중'으로 편성된 중등 내신 학원에서 고학년 학생들은 개별 수준과는 무관한 난도를 공부한다. 문장 내에서 be 동사와 일반동사 쓰임의 차이도 구분하지 못하는 수준임에도 다량의 단어 암기 숙제와 고등 모의고사 대비까지 시작한다. be 동사와 일반동사를 구분하는 것은 문장 만들기에서 기초 중의 기초다. 그리고 중학 내신 수행평가는 그 기초를 바탕에 두고 있다.

고등학생들을 가르치던 시절에, 나와는 20년 가까이 나이 차가 있음에도 불구하고 학생들이 아직도 내가 중고등학교 때 배웠던 방식대로 영어를 배우고 있다는 사실에 정말 놀랐다. 현재완료 시제를 배울 때 칠판에 쭉 그어지던 선, 그 위에 몇 개 찍히는 점들, 이해가 안 되는 시간 개념, 완료 시제, 수동태, 부정사 등등…. 한자인지 영어인지 이해되지 않아도 모두 조용히 앉아만 있던 수업 시간까지. 그러다 시험 점수가 낮게 나오면 '왜 난 영어를 못할까?' 자책하며 소중한 학창 시절을 흘려보내는 것마저 비슷했다.

놀랍게도 이런 패턴은 지금까지도 바뀐 게 거의 없다. 여전히 기본기가 준비되지 않은 아이들이 중고등학교에 진학해서 영어와 한자 용어가 섞인 문법의 바다에서 허우적거리고 있다.

결국 양육자가 바라는 건 우리 아이가 영어 때문에 좌절하거나 꿈을 포기하지 않고, 영어 때문에 인생에서 넘어서지 못하는 지점이 없는 것이다. 하지만 30년 전 과정을 똑같이 반복하면서 결과가 바뀌기를 바라는 건 모순이다. 윗세대와 똑같은 과정을 거치면 결국 윗세대와 똑같은 결과가 나올 수밖에 없다. 이제는 모두에게 조금 더 현명한 영어 공부가 필요한 시점이다.

다져지지 않은 모래 위에는 집을 짓기 위한 뼈대와 벽돌을 올릴 수 없다. 초등 시절에 가장 중요한 것은 영어 레벨 테스트 점수가 아니라 앞으로 긴 시간 지속해야 할 영어 공부의 기초를 잘 다지는 일이다. 영어의 기초 어순을 공부하는 것은 집을 짓기 전에 터를 단단하게 다지는 일과 같다. 그 과정을 상대적으로 시간이 여유로운 초등 시절에 할 수 있도록 양육자와 교사가 도와줘야 한다. 문장력으로 기초가 잘 다져진 터전 위에 문법을 뼈대로, 단어를 벽돌로 사용해서 집을 완성해나갈 수 있도록 말이다.

3

레벨 접수보다 중요한 건
문장을 이해하는 능력

대한민국의 초등학생은 모국어 이후 외국어를 영어로 처음 학습하는 경우가 대다수다. 아이들이 영어든, 중국어든 외국어를 처음 배울 때는 모르는 것을 한국말로 질문하면서 스스로 문장을 만드는 힘을 쌓을 수 있도록 기다려줘야 한다. 원어민과의 소통은 머릿속에서 문장을 원활하게 구성할 수 있을 때 해도 늦지 않다. 오히려 그때 하지 않는 것이 역효과를 내는 경우도 많다. 하지만 아직 이를 모르는 양육자는 그 시행착오를 아이와 함께 겪는다. 여기서 가장 큰 문제는 공부를 시작도 하기 전에 아이가 영어에 대한 자신감을 잃거나, 너무 많은 단어를 외우다 지친다는 것이다. 간과할 수 없는 문제임에도 많은 양육자가 잘 모르고 지나치는 부분이다.

교육 전문가들이 많이 하는 이야기가 있다. "학습 조언은 이미 4~5년 전쯤에 그 시기를 지나온 양육자에게서 들으셔야 합니다. 지금 옆에서 같은 시기를 지나가고 있는 분들끼리 고민하시면 오히려 미궁에 빠질 수 있습니다." 이 말이 옳다. 중고등학교 시절을 지나온 학생들은 안다. 어떻게 공부했더라면 좋았겠다는 걸 말이다. 중고등학생을 키워본 양육자들도 안다. 아이가 초등학교 때 어떻게 공부시켰더라면 좋았겠다는 것을 말이다.

몇 년 전 여름방학 때 대학 1~2학년에 다니고 있던 옛 제자들에게 영어 회화 수업을 해줬던 적이 있었다. 그 학생들은 너무 바쁜 시기인 고등학교 시절에 나와 만났기 때문에 당시 수능 대비만으로도 시간적 여유가 없었다. 그래서 대학에 들어간 뒤 여름방학이라는 틈새를 이용해 지금 초등학생을 가르치는 방법 그대로 문법과 회화를 녹인, 문장 만드는 수업을 해줬다.

"선생님, 저희도 초등학교 때 이렇게 배웠더라면 얼마나 좋았을까요? 그럼 고등학교 가서 정말 수월했을 텐데요…."

여러 학생들을 관찰한 결과, AR 4점대인 초등학생들 대다수와 그리고 모의고사 4등급 미만의 고등학생들은 영어 지문을 읽을 때 자신이 아는 단어를 찾아 징검다리를 뛰어넘듯 해석한다. 시제도, 전치사도, 구 또는 절도 중요치 않다. 그저 아는 단어를 찾고 그 단어와 단어를 선 긋듯이 연결하면서 우물쭈물 정확하지 않은 해석을 해나간다. 이때 한국어 실력마저 부족하면 영어 문장을 해석해놓은 한글 문장까지 엉터리가 된다.

그런데도 양육자들은 국어 실력을 쌓아주어야 한다는 생각보다 더 높은 단계의 영어책을 읽히는 것을 더 중요하게 생각한다. 그렇게 영어책 레벨과 테스트에만 집중하며 공부해온 아이들은 영어 문장이나 구문에 대한 이해보다 레벨 테스트 결과를 더 중요하게 인식하고 공부한다.

영어의 문장 구조를 모르는 아이들은 듣기를 할 때도 마찬가지로 명사 위주의 들리는 단어만 듣는다. 문장의 뒷부분에 동사가 등장하는 한국어 듣기에 익숙해져서 주요 동사가 포진된 영어 문장의 앞부분은 잘 듣지 않는다. 고등학생이 되어서 수능 영어 모의고사의 난도가 가장 낮은 듣기 문제를 틀리는 이유다. 요즘 아이들은 어릴 때부터 영어를 배웠고 훨씬 좋은 환경에서 자라왔으니, 우리 때와는 다를 것이라고 생각하면 오산이다. 시대는 변했어도 아이들이 영어 공부를 대하는 자세는 30년 전과 크게 다르지 않다.

맨 처음 영어를 시작할 때 해석을 어떻게 했는지 한번 떠올려보자. 처음에는 아는 단어만을 위주로 해석했을 것이다. 한국말에는 '조사'가 있어서 문장의 주어가 문장 맨 앞에 붙든, 맨 뒤에 붙든 큰 상관이 없다. '은, 는, 이, 가'는 문장 어디에서도 마법처럼 단어의 뜻이 통하게 만든다. 하지만 영어는 다르다. 영어는 단어의 '자리'가 곧 조사의 역할을 한다.

그럼에도 아이들은 문장에서 단어가 들어가는 자리의 중요성은 간과한 채 열심히 단어만 외운다. 이 또한 30년 전과 달라진 게 없다. 여전히 아이들은 한 세대 전과 동일하게 징검다리 해석을 한다. 많은 아이가 문장의 구조의 중요성을 모른 채 영어 공부를 하고 있다. 양육자가 모르면 아이들 또한 모르는 것은 당연하다.

AR 점수가 4점대 이상으로 비교적 높은 초등 5학년도 영어 해석을 조금 더 깊이 있게 들어가면 결과는 대부분 같다. 정확한 시제 구분 없이 해석하고, 영작할 때는 마구잡이로 어디서 들어본 적 있는 문장을 적는 경우가 많다. 단어 또한 품사별로 정확한 자리에 사용하지 못한다. 이렇게 아는 단어만 연결해서 해석하는 버릇은 수능 점수와 직결되어 훗날 입시에도 큰 영향을 미친다. 누군가가 영어로 이야기하는 것을 듣기만 하거나, 단어 암기 위주로 공부 습관을 들였던 탓이 크다. 하지만 원어민 선생님이 유창하게 말하는 영어를 듣는 것만으로는 아이가 문장 구조의 기초를 단단하게 익힐 수 없다.

영어 공부를 할 때는 스스로 문장을 만들며 구조를 익히는 연습을 먼저 해야 한다. 기초 문장 구조를 익히는 데 드는 시간은 초등 저학년은 1~2년, 고학년은 6개월~1년 정도면 가능하다.

10분 만에 알아보는
우리 아이 영어 실력 진단법

우리 아이가 AR 4점대임에도 불구하고 띄엄띄엄 징검다리 식으로 해석하고 있는지 아닌지는 어떻게 알 수 있을까? 내가 아이들을 테스트할 때 AR 4점대가 나오더라도 꼭 다시 한번 확인해보는 테스트가 있는데, 그 방법을 소개한다.

나는 학생들의 수업 진도를 짤 때 영어책도 아이의 수준에서 조금 쉬워 보일 수 있는 것으로 선택하고, 진행하고 있는 라이팅 수준에 맞춰 리딩 지수도 낮은 것을 선택한다. 아이의 수준에서 한 페이지에 모르는 단어가 세 개 이하여야 책을 재미있게 읽을 수 있다고 생각하기 때문이다. 레벨 지수가 높은 책을 띄엄띄엄 읽는 게 아니라, 페이지에 한두 문장만 있는 쉬운 영어책이라도 모두 시제별 어미에 맞춰 정확히 해석하는 것이 중요하다. 다음은 시제 해석이 가능한지 알아보기 위해서 사용하는 테스트다.

....

1. I cook.

2. I am cooking.

3. I was cooking.

4. I cooked.

5. I can cook.

6. I should cook.

7. I will cook.

8. I will be cooking.

9. I have to cook.

10. I was cooking when you were at school.

11. I am cooking stew that you like.

위의 테스트지를 살펴보면 주어는 'I' 하나, 동사는 'cook'으로 모두 통일되어 있다. 'cook=요리하다'를 시제별로 동사를 활용해서 정확히 해석하는지 확인하는 것이다. 한국어의 어미 활용이 매끄럽지 못한 아이는 이 테스트를 통과하기 어렵다. 위의 테스트지를 활용해 우리 아이의 영어 실력을 함께 확인해보자.

초등 고학년 중에도 위의 문장들을 정확하게 해석하지 못하는 경우가 꽤 있다. 이 테스트는 확인하고 끝나는 데까지 10분이 채 걸리지 않는다. 한국어의 어미를 원활하게 바꿔가며 대답할 수 있는지, 시제 변용이 자유로운지, 기초 조동사의 활용이 가능한지, 총 11문제 중 몇 문제를 정답과 일치하게 답했는지 확인해보면 된다.

이때 한글 어미의 사용을 어려워하는 경우 국어 학습 병행을 권장한다. 영어를 시제에 맞게 해석하지 못할 때는 초등학교 몇 학년이든 상관없이 영어 문장의 기초를 꼼꼼히 점검하는 것이 우선이다. 먼저 영어 문장을 발음해서 읽어보게 한 후 해석을 어떻게 하는지 확인해보자.

✏️ **테스트 정답**

1. 나는 요리<u>한다</u>.
2. 나는 요리<u>하는 중이다</u>.
3. 나는 요리<u>하는 중이었다</u>.
4. 나는 요리<u>했다</u>.
5. 나는 요리<u>할 수 있다</u>.
6. 나는 요리<u>하는 게 좋겠다</u>.
7. 나는 요리<u>할 것이다</u>.
8. 나는 요리<u>하는 중일 것이다</u>.
9. 나는 요리<u>해야만 한다</u>.
10. 네가 학교에 있었을 때 나는 요리하는 <u>중이었다</u>.
11. 나는 네가 좋아하는 스튜를 요리하는 <u>중이다</u>.

학생들과 수업 시간에 진행하고 있는 200개가 넘는 영작 시제 패턴에서 기초 중의 기초 시제 패턴으로만 구성한 테스트임에도 불구하

고, 이 11개 문제 중 11개를 모두 정확하게 해석하는 초등학생은 많지 않다. 짧은 문장 내에서 정확하게 시제와 품사를 구분해서 사용하는 능력이 바로 영어의 기초다. 수능 해석에 직결되는 것은 물론이고, 문장 구조에 대한 단단한 이해가 중고등학교 영어의 바탕이 된다.

이렇게 문장 구조를 자기 것으로 만든 학생은 중등 내신, 수능 영어, 나아가 영어 회화에서도 자유로워질 수 있다. 그 문장력의 기초 위에 문법, 단어 등을 추가해가며 공부하면 긴 시간을 숙제와 씨름하며 고생하지 않고도 쉽게 영어 실력을 늘려나갈 수 있다.

그러니 문장도 만들지 못하는 아이가 단어 암기만을 반복하고 있거나, 기초 문장을 쓰기도 어려운 아이에게 한 장짜리 영작 숙제를 내주고 있다면 반드시 영어 공부의 순서를 재고해야 한다. 초등 영어에서 무엇보다도 중요한 것은 공부 순서를 점검해주는 것이다. 그렇게 초등 시절 영어 공부의 순서만 바꿔도 대입까지 해결되는 탄탄한 기초를 만들 수 있다.

한국말로 질문하면 혼나는 영어 학원?

어쩌면 영어 교육에서 양육자들의 가장 큰 고민은 '아이가 다니는 학원을 직접 다녀볼 수 없다는 것'일지도 모른다. 나도 고등학생부터 시작해서 현재는 초등학생과 중학생들을 가르치고 있지만, 대입은 어느 학원이나 대부분 비슷한 과정을 지도하는 것에 비해 초등 영어 학원은 학원마다 수업 방식이 크게 다르다.

내가 다른 초등 영어 학원들의 정보를 받는 출처는 대부분 나와 함께 공부하는 학생들을 통해서다. 가끔은 주변 지인들이나 재원생의 양육자들이 아이가 다녔던 학원에 관해 이야기하기도 하고, 맘카페 등에서 타 학원들의 분위기를 읽을 수도 있다. 하지만 직접 다녀본 아이들이 하는 이야기만큼 정확한 것은 없다. 가르치는 학생들이 데이터를 모아주니 각종 영어 학원에 다니다가 온 학생들만으로도 외부 학원들에 대한 정보 수집은 어렵지 않은 편이다.

학생들 중에는 영어 유치원부터 다니면서 영어를 시작한 아이들도 있고, 초1 또는 그전부터 2~4년간 대형 어학원을 다닌 아이들도 많다. 요즘은 대부분 형제가 한둘이거나 외동인 집이 많고, 신도시의 경우 양육자들의 학구열도 높은 편이라 형편이 어려운 학생들도 찾기 힘들다. 그래서 그런지 한둘뿐인 자녀의 영어 교육에 돈을 아끼는 분위기는 아니다. 비단 내가 있는 지역에만 한정된 이야기가 아니라는 건 대한민국에서 자녀를 키우는 사람들이라면 모두 알 것이다. 이런 분위기 속에서 일찍부터 아이들에게 영어를 공부시킨 양육자들은 그저 영어 학원에 보내는 것만으로도 아이들의 영어 실력이 늘고 있을 것이라 믿는다.

그럼에도 많은 양육자가 영어 공부에서 문장 구조의 중요성은 잘 모르고 있다. 현실이 이렇다 보니 6학년 자녀를 둔 양육자에게 지금이라도 기초를 보완해야 한다고 말씀드리면 그 사실을 잘 받아들이지 못한다. 중등 문법을 시작해야 한다는 생각에 이미 마음이 급해졌기 때문이다.

뒤에 이어질 중등 내신 팁에서 더 자세히 설명하겠지만 사실 중학 내신은 난도가 높지 않다. 다만 영어 말하기와 쓰기로 진행되는 수행평가 실력이 하루아침에 좋아질 수 없다는 게 문제다. 이는 기초 문장 구조의 이해 없이는 어렵기 때문이다. 그래서 중학교 학년이 올라갈수록 고등학교 입시를 앞둔 내신 총평가 점수에서 영어 변별력은 결국 수행평가에서 판가름 난다.

아이들이 다른 영어 학원에서의 경험을 들려주었을 때 가장 충격적이었던 이야기는 "예전 학원에선 한국말로 질문하면 혼났다"라는 말이었다. 내가 가르치는 수업 시간은 그야말로 모르는 것을 사방팔방 물어보는 아이들부터 자신이 아는 것을 옆에서 알려주려는 아이들, "그것도 아직 모르는군" 하며 이른바 "라떼는…"을 시전하며 장난치는 선배 학생들까지 북적거리기 일쑤다. 그렇기에 아직 모르는 것투성이인 아이들이 질문을 못 한다는 건 나로서는 상상도 할 수 없었다.

한 번씩 다른 학원에 다니다가 새로 들어온 아이가 첫 수업을 시작할 때면 아이들은 서로가 다녔던 지난 학원들의 무용담을 늘어놓기 시작한다. 그 학원에 다닐 때는 숙제를 세 시간 했다, 네 시간 했다, 자기가 더 고생했다며 입씨름하다가 푸념을 늘어놓는다. 그 하소연들의 공통점은 바로 학원에서 한국말로 질문하면 혼난다는 것이었다.

"그럼 넌 모를 땐 어떻게 했어? 누구한테 물어봤어?"

"안 물어봤죠."

학원의 방침상 학원 내에서는 반드시 영어만을 사용해야 해서 모르는 내용도 질문하지 못한 것이다. 초등학교 1~2학년밖에 되지 않은 아이가 아직 문장 구조도 이해하지 못하는 상태에서 질문도 못 하고 그저 단어 암기만을 반복하며 영어 사용을 '강요당한' 것이다. 아마도 뭘 말해야 할지 몰라 괴로웠을 것이다. 그런 아이들은 3학년이 되기도 전에 영어 자신감을 많이 잃는다.

수업 시간에 우물쭈물하면서 할 말이 생각나지 않는 자신을 부끄러워하며 시간을 보내진 않았을까. 모르는 게 당연한 시기에 몰라서는 안 되는 상황을 맞닥뜨렸을 것이다. 유독 성격이 좋아 괄괄하게 눈치 안 보고 공부해온 아이라 해도 꼼꼼하게 기초가 잡히지 않은 채 마구잡이로 아는 단어를 섞어 영어를 사용해왔던 경우가 많다. 결국 이런 경우 처음부터 기초를 다시 바로잡는 과정이 필요하다.

그런 과정을 피해 읽기 위주로 수업하는 학원을 오래 다녔던 아이들도 있었는데, 이런 아이들은 자신감을 잃은 것은 아니었지만 읽기 위주로만 수업을 진행했기 때문에 레벨 테스트 점수는 높을지라도 기초 어순에 대한 이해가 없거나 약한 편이었다.

만약 아이가 A4 한 장짜리 영작을 해서 학원에 내고 간 뒤, 선생님이 나중에 아이들이 두고 간 종이에 첨삭을 곁들여 포트폴리오에 넣어주는 방식으로 공부해왔다면 그건 아이 공부였다기보다는 선생님 공부가 되었을 가능성이 크다. 왜냐하면 아이들은 절대 나중에 그 종이를 꺼내어 곱씹어보지 않을 것이기 때문이다.

아이들은 틀렸을 때 그 자리에서 무엇이 틀렸는지를 바로 알아야 한다. 초등학교 때는 아이가 배우는 과정을 지켜봐 주고, 틀린 것을 알려주고, 스스로 고쳐보게 하는 과정이 반드시 있어야 한다. 그렇다면 틀린 것을 그 자리에서 수정했다고 해서 바로 깨달을까? 그렇지 않다. 같은 것을 평균 50번쯤 틀리고 나야 똑같은 내용에서 실수하는 일이 잦아든다. 그래서 영어 문장을 쓰다가 틀렸을 때 잘못된 부분을 바로잡아 주는 첨삭은 반드시 그 자리에서 바로 진행해야 아이가 하루하루 배움을 쌓아갈 수 있다.

그래서 보통 상담을 진행할 때 양육자에게 영어를 시작하기에 가장 좋은 시기를 초등학교 3학년이라고 말하는 것이다. 문장력을 우선순위에 두고 문장의 어순을 스스로 익히는 데 초점을 둔 수업에서는 어느 정도 국어 실력이 바탕이 되어야 영어 실력도 함께 늘 수 있다. 기본 국어 실력이 없는 상태라면 영어 문장력을 쌓는 것도 더딜 수 있으므로, 초등 1~2학년은 영어 공부보다 국어 공부를 먼저 진행하길 권장하는 편이다.

영어 공부,
순서를 바꿔야 길이 보인다

언젠가 영어 유치원을 다니는 아이들이 영어로만 말하는 게 힘들어 속옷에 용변을 묻혀 집에 돌아가는 경우가 있다는 이야기를 들었다. 영어에 자신감이 없는 상태에서 외국인이 말을 걸어오는 것은 어른에게나 아이에게나 비슷한 강도의 스트레스다.

프랑스와 미국은 대표적인 다민족 국가다. 인종이 달라 보이는 사람을 만나도 모두 그 나라 국적을 가진 사람이라고 생각하기 때문에 다른 인종에게 말을 거는 데 거리낌이 없다. 프랑스에 잠시 거주하던 시절, 누가 봐도 아시안이었을 내게 사람들은 거리낌 없이 모국어로 이야기했다. 공원에서 만난 현지 어린아이들도 마찬가지였다. 그들은 다른 인종에 대한 거부감이 적었다.

지금은 한국에도 외국인 비율이 많이 늘었지만, 서울 중심가나 수도권의 외국인 거주 비율은 아직 한국인 수에 비하면 다수라고 할 수 없다. 시대가 변했다고는 하나 요즘 아이들도 당연히 외국인

이 낯설 것이다. 양육자 세대가 어릴 때 외국인을 보면서 이질적으로 느꼈던 것과 비슷하게 말이다.

외국어 공부에서 원어민과 직접 소통하는 것은 중요하다. 하지만 한마디도 하지 못하고 듣기만 한다면 대화라 할 수도 없고 크게 배울 점도 없다. 내가 어느 정도는 말할 수 있어야 그때부터 배우는 게 있고 공부도 된다. 아직 소통할 준비가 되지 않았다면 우선은 천천히, 하나씩 문장을 만들고 머릿속에서 문장의 순서를 구성하는 방법부터 배우는 것이 좋다.

요즘 아이들은 학교에 가는 것만큼이나 학원에 가는 것이 일상이다. 아이들에게 학원은 또 다른 학교다. 아이들이 학원에 가서 자기 이야기나 친한 친구의 이야기를 하고, 학교에서 있었던 이야기를 하는 것은 당연하다. 무엇보다도 수업 중에 모르는 내용은 그때그때 바로 질문할 수 있어야 한다. 학원은 공부만 하러 가는 곳이 아니라 아이가 성장하는 동안 머무는 곳이기도 하다. 그러려면 학원 가는 게 싫지 않아야 한다.

숙제에 대한 큰 부담 없이 다닐 수 있으면 친구들과 선생님과 금방 친해지고, 그러다 어느새 영어 문장을 잘 만들게 되면 공부에도 재미가 붙게 된다. 이렇게 제 발로 공부하러 가서 스스럼없이 질문하고 모르는 부분은 도움을 받으며 성장하는 과정을 밟아야 한다. 문장을 만들다가 틀린 부분도 선생님이 바로 고쳐주기보다는 무엇이 틀렸는지 직접 찾아볼 시간이 필요하다. 선생님은 어떻게 하면 아이가 틀린 부분을 스스로 발견하고 고칠 수 있는지 알려줘야 한다.

자녀의 미취학 시기부터 초등학교 6학년까지 대부분의 양육자가 시키고 있거나 선호하는 영어 공부 순서를 정리하면 다음과 같다.

하지만 보다 장기적인 관점, 즉 중고등학교 내신 영어와 수능, 대입 이후 필요한 회화까지 초등학교 때부터 계획적으로 쉽고 빠르게 진행하려면 공부 순서를 바꿔야 한다. 중고등학생과 초등학생 모두 가르쳐본 결과 효율적인 순서는 다음과 같다.

첫 번째로 영어 문장 쓰기 연습을 하는 것은 어순이 한국어와는 다른 영어의 문장 구조에 익숙해지기 위해서다(단, 라이팅으로 영어 공부를 시작하는 기준은 이미 파닉스를 마친 초등학교 3학년부터다. 그전의 영어 학습은 놀이와 접목해서 부담 없이 따라 할 수 있는 정도의 영어 듣기를 추천한다). 많은 단어 암기는 처음 영어 쓰기 공부를 시작하는 시기에는 불필요하다. 기초 단어만으로도 짧은 문장을 구성할 수 있기 때문이다.

문장을 만들면서 영어의 어순을 먼저 익히면 자주 쓰는 단어가 저절로 암기되면서 어휘량이 쌓인다. 무엇보다도 뒤따라오는 영어 공부의 다양한 과정을 위해서라도 영어의 문장 구조를 가장 먼저 파악하는 것이 중요하다. 문장을 쓰면서 배우고 이와 함께 쉬운 원서를 읽으면 문장 구조에 익숙해지는 시간을 줄일 수 있다.

기초 시제부터 시작해서 점차 어렵고 복잡한 시제의 문장들을 만들어가다 보면 중학교 때 배우는 문법이 그 문장 안에 다 녹아 있음을 알게 된다. 군이 영어 문법책에 나오는 한자어를 어린아이들에게 주입하지 않더라도, 한국말로 된 간단한 문장을 영어로 바꿔보는 과정에서 중고등학교 문법이 저절로 학습되는 것이다. 그리고 이 과정을 하나하나 제대로 이해하고 습득하려면 한국말로 설명해주는 과정도 필요하다. 그러니 처음 영어를 배우는 아이에게 원어민 교사가 반드시 필요한 것은 아니다.

아이를 위해 더 좋고 체계적인 학원, 더 많은 것을 해주는 학원을 찾는 마음은 모두 같다. 하지만 모두가 같은 방향으로 갈 때 과연 그 길이 진정 아이를 위한 길인지 한 번쯤은 돌이켜 생각해봐야 한다. 아무리 선생님이라고는 하지만 낯선 외국인 앞에 무작정 데려다놓는 건 아이에게 스트레스가 될 수 있다. 그 스트레스가 훗날 독이 되어 돌아올 수 있다는 걸 모르고 그저 아이를 위한 길로만 알고 있다면, 늦기 전에 다시 한번 깊이 생각해보자.

초등학생은 학원 결정권이 없다. 결국 아이에게 도움이 되는 학원을 고르는 것도, 독이 되는 학원을 고르는 것도 양육자의 몫이다. 이런 교육 관련 서적을 읽는 수고를 감내할 정도로 교육에 관심 있는 양육자라면, 아이를 위해 어떤 영어 교육을 선택할지 이미 많은 고민을 거쳤을 것이다.

요즘은 화상 영어나 전화 영어도 시스템을 잘 갖추고 있고 가격도 저렴한 편이다. 그래서 나도 가르치는 학생이 문장을 구성하는 속도가 빨라졌다고 느껴지거나 충분히 소통할 수 있겠다 싶으면 양육자에게 아이가 회화를 시작할 시기임을 알려드린다. 아이마다 차이가 있지만 보통 문장 쓰기를 공부한 지 2년 내외면 시작할 수 있다.

이제는 챗GPT까지 등장했지만 화상 영어든, 챗GPT와의 대화든 우선 아이가 스스로 머릿속에서 문장을 구성할 수 있어야 유용하다. 단어를 일주일에 몇백 개씩 외웠다고 해서 영어 회화가 가능해지진 않는다. 단어만 늘어놓으면 챗GPT는 알아듣지 못한다. AI를 활용하는 것도, 저렴한 시스템을 활용하는 것도 스스로 문장을 구성할 수 있어야 가능하다. 길고 어려운 문장을 말할 수 있어야 한다는 게 아니다. 짧고 간단하더라도 어순에 맞는 정확한 문장을 구사할 수 있으면 된다. 그러니 아이가 해왔던 영어 공부의 순서가 어땠는지 점검해보자. 지금껏 해왔던 영어 공부에서 순서를 바꿔주는 것만으로도 수능까지 이어지는 영어 공부의 길이 탄탄해질 것이다.

PART
3

영어 공부의
승부사, 문장력

문장력 없이 영어 단어만 많이 외우면 결국 사용되지 못한 단어들은 기억에서 모래처럼 흩어진다. 고생만 하고 남는 건 없는 상태가 되지 않으려면 쉬운 문장들을 반복해서 만들어보며 말의 순서를 익히고, 외워서 시험을 보는 게 아니라 직접 사용해보면서 체득해야 한다. 영어를 국어처럼 습득하며 배우는 포인트는 문장의 구조, 즉 문장력이다.

이건 우리 애가 보기에
너무 쉬운데?

나는 아이가 만들 수 있는 문장 수준에 맞춰서 읽을 영어책도 정해주는 편이다. 그런데 쓰기 수준에 맞춰 고른 책은 양육자의 눈에 너무 쉬워 보일 수 있다. 만약 아이에게 영어책을 골라줄 때 '이건 우리 애가 보기에 너무 쉬운데?'라는 생각이 든다면 잠시 영어책 읽기를 멈추고 아이에게 질문해보자. 보기에는 아주 쉬워 보이는 아래의 문장 중 몇 문장을 영어로 자연스럽게 만들 수 있는지 말이다. 아래 문장들을 읽어주기보다는 빈 종이에 써서 보여주자.

나는 너의 아빠야.

그녀는 너의 누나야.

그들은 나의 사촌들이야.

나는 너의 친구야.

동물들은 나의 친구야.

나의 삼촌은 친절해.

내 친구는 슬퍼.

이런 문장들이 등장하는 영어책의 AR 지수는 대부분 0점대 후반에서 1점 초반대다. Lexile은 200 정도이며 그 이하인 경우도 많다. be 동사의 활용이 무난한지 알아보기 위한 문장들로, 정답은 다음과 같다.

I am your father.

She is your older sister.

They are my cousins.

I am your friend.

Animals are my friends.

My uncle is kind.

My friend is sad.

위의 문장들은 모두 문장 형식이 같다. 초등학교 3~4학년 정도면 위의 문장들이 영어로 쓰여 있는 경우 대부분 쉽게 읽고 해석할 수 있다. 영어 문장은 직접 만드는 것보다 쓰여 있는 것을 읽는 게 훨씬 쉽다. 하지만 한글 문장을 보고 영어 문장으로 만들어내는 것은 레벨 테스트 점수와 상관없이 대부분 아이가 어려워한다.

이번에는 다른 문장들의 영작도 함께 해보자. 이 문장들은 앞의 문장들과는 다른 형식으로, 일반동사의 활용을 테스트하는 문장들이다.

나는 달린다.

너는 수영한다.

엄마는 요리한다.

아빠는 일한다.

위 문장들을 영어로 옮긴 정답은 다음과 같다.

I run.

You swim.

Mom cooks.

Dad works.

어떤가? 많은 아이가 위 문장들을 쓸 때 'I am run'이라며 be 동사와 혼용해서 쓰거나 ~ing를 넣어서 'I running'이라고 쓰곤 한다. 문법상 틀린 문장들이다. 위 예문 수준의 문장들이 등장하는 영어책의 AR 지수는 대부분 0점대 후반에서 1점 초반대이며, Lexile 지수는 100 내외다. 보통 AR 지수가 높게 나오는 4~5학년도 문장 테스트를 진행해보면 be 동사와 일반동사를 언제 사용하는지 구분하지 못하는 경우가 많다. 문장을 만드는 실력과는 무관하게 어려운 책을 읽고 있는 것이다.

내가 가르치는 학생이 3학년인데 이 정도 문장을 구분해서 쓸 수 있다면 나는 아주 우수하다고 평가한다. 4학년에는 꼭 쓸 줄 알아야 하고, 5~6학년에 이 수준의 문장을 잘 못 쓴다면 중등 내신 학원으로 갈 게 아니라 하루빨리 영어의 기초를 잡아줘야 한다.

영어 문장 쓰기는 아주 짧고 쉬운 문장들로 시작하고, 점차 익숙해지면 그 문장들을 조금씩 길게 늘여서 다시 연습한다. 만약 아이가 위의 문장들을 수월하게 영작했다면 다음의 문장들도 연습장에 한글로 써주고 영작할 수 있는지 확인해보자. 아래 수준의 문장들이 등장하는 영어책의 AR 지수는 1점대 후반에서 2점 중반대이며, Lexile 지수는 300~400 정도다.

파란 셔츠를 입은 남자가 너의 아빠야.
울고 있는 그 여자가 너의 누나야.
시끄러운 저 사람들이 나의 사촌들이야.

The man who wears blue shirt(= The man in blue shirt) is your father.
The woman who is crying(= The crying woman) is your sister.
Those loud people are my cousins.

나는 매일 뛰어.

너는 깊은 강에서 수영해.

엄마는 내가 좋아하는 스튜를 요리해.

아빠는 자정까지 일해.

I run everyday.

You swim in the deep river.

Mom cooks stew that I like.

Dad works until midnight.

처음에 제시했던 짧은 문장에 약간씩 살을 붙인 문장들이다. 처음의 쉬운 문장들을 만들 수 있다고 해서 바로 이 수준의 문장을 만들 순 없다. 보통 맨 처음 진행해본 문장과 지금 제시한 문장을 확실히 구분해서 사용하기까지 주 3회 학습 기준으로 6개월 정도가 걸린다. 처음에 등장했던 'be 동사'의 활용과 다음에 등장했던 '일반동사'의 활용을 구분하기가 아이들에겐 그만큼 어렵기 때문이다. 하지만 거꾸로 말하면 그 두 가지를 구분하는 것이 중고등학교 영어에서 무엇보다도 중요하므로, 충분히 시간을 들일 가치가 있다.

그러므로 우선 기초 문장력을 늘린 후에 단어 암기를 함께 지도해야 한다. 문장력 없이 단어만 많이 외우면 결국 사용되지 못한 단어들은 기억에서 사라진다. 단어를 많이 아는 것도 좋지만 문장 안에서 어떻게 사용되는지를 알아야 더 오래 기억하고 적용할 수 있다. 쉬운 문장들을 반복해서 만들어보면서 말의 순서를 익히고, 외워서 시험을 보는 게 아니라 사용해보면서 체득해야 한다. 이처럼 영어를 국어처럼 습득하며 배우게 되는 포인트가 문장의 구조, 즉 문장력이다.

초등학생 시절에는 다량의 단어를 암기하는 것과 무조건 레벨이 높은 책을 많이 읽는 것은 잠시 뒤로 미뤄두자. 이 시기에는 쉬운 문장들을 접하면서 구조에 익숙해지는 시간을 충분히 갖는 게 더 중요하다. 초등 영어 학습은 읽기에 기준을 둘 게 아니라 문장을 어떤 수준으로 만들 수 있는지에 기준을 두어야 한다. 그래야만 중등 내신에서도, 나아가 수능 공부에서도 아이가 영어 때문에 시행착오를 겪거나 고생하지 않을 수 있다.

이런 단계들을 지나 아이들이 궁극적으로 접하게 될 수능 문장 유형도 한번 살펴보자. 문장 구조를 보는 눈이 없으면 수능에서 지문 해석을 하기가 어렵다. 쉬운 단어로만 구성된 기본적인 문장 구조를 초등학교 시절에 반복해서 공부해야 하는 이유가 바로 이것이다.

The specific example I found and submitted in a journal paper last year is exactly what he said yesterday at the conference. (주어 is 보어)

내가 작년에 구체적인 사례를 학술지 논문에서 찾아서 제출했던 것이 정확히 그가 어제 협회에서 말했던 것과 일치한다.

이 문장도 가장 처음에 등장했던 be 동사 활용 문장들과 같은 문장 형식이다. 가장 단순한 뼈대를 기준으로 한없이 살을 붙여 사용하는 게 영어다. 특히 수능 문장은 길게 늘여 쓴 문장이 일상 회화보다 훨씬 더 많다. 문법 용어로 표현하자면 단순하게 주어 자리와 보어 자리가 길어진 것이라고 할 수 있다. 하지만 기초 문장력이 없으면 이런 문장을 단순하게 A=B로 나누기가 어렵다. 'I am your father.' 문장 구조에서 등장한 'am', 즉 be 동사는 앞과 뒤를 일치시키는 역할을 한다. 이를 기준으로 'I=father'라는 공식이 성립한다. 위 문장도 마찬가지다. '앞에서 말한 것=뒤에서 말한 것'인 문장 구조다.

초등학교 때 문장력을 쌓는 공부는 글을 이해하는 능력인 문해력과 직결된다. 결국 영어 문장의 해석도 힘든 고등학생이 국어 문해력까지 부족하다면, 영어도 국어도 수능에서 좋은 결과를 기대하기 힘들다. 그러니 영어의 구조를 파악하는 힘과 국어 문장의 속뜻을 이해하는 힘을 초등학교 때부터 키워야 한다. 문장 구조는 외워서 아는 게 아니라 한국어를 배우듯 오랜 시간 동안 체득하는 것이다.

초등학교 3학년들이 학교에서 정규과정으로 배우는 게 'apple' 수준의 단어다. 그래서 영어를 미리 배운 아이들은 학교에서 진행하는 영어 수업을 지루해하는 경우가 많다. 중학교에 입학하고 나서는 기초 문법을 배우기 시작하는데, 사실 교과서에 등장하는 예문은 그리 어렵지 않다. 중간·기말 시험으로 보는 중등 영어 지필평가 또한 초등 고학년이 겁낼 만큼 어렵지는 않다. 중학교에서 갑자기 어려운 수능 수준의 문제를 내지는 않기 때문이다. 하지만 아이들이 어려서

접한 어학원의 영어와는 결이 다를 수밖에 없다. 무엇보다 아직도 영어 수업 시간에 한자 용어를 사용하기 때문에 아이들이 쉽게 지루해한다.

영어가 본격적으로 어려워지는 시기는 사실 고등학교 때부터다. 중학교에서 난도 수준이 아닌 지루함 때문에 문법 기초 공부를 소홀히 한 대가가 고등학교에서 드러나기 시작하는 것이다. 특히 고1 첫 모의고사 때 아이들이 좌절하는 경우가 많다. 난도만 보면 고등학교에서 보는 전체 모의고사 중에서는 가장 쉬운 편이지만, 중학교 때 영어에 어느 정도 자신 있었던 아이들도 갑자기 어려워진 문제와 자신의 점수에 충격을 받곤 한다.

12년 동안 이어지는 영어 공부에서 페이스 조절이란 곧 공부 난이도 조절을 의미한다. 즉 12년 동안 영어 공부의 난도를 어떻게 조절하느냐에 따라 실력이 좌우된다. 그러니 기초를 제대로 다지지 못한 아이에게 너무 어려운 영어를 가르치고 있는 것은 아닌지 중학교에 들어가기 전에 반드시 점검해야 한다. 적절한 공부량을 12년 동안 꾸준히 유지한 아이들만이 대입에서 안정적인 결과를 낸다.

간혹 초등학교 3학년에도, 5~6학년에도 아이가 읽는 영어책 수준이 너무 쉬운 건 아닌지 걱정하는 양육자가 있다. 초등학교 4학년에게 중3 내신에 나오는 '가정법'을 수업해줄 수 있는지 상담한 양육자도 있었다. 하지만 막상 테스트를 진행해보니 아이는 영어의 기초 시제 구분도 제대로 하지 못하는 상태였다.

양육자의 눈에 쉬워 보인다고 해서 아이도 알고 있으리라 생각해서는 안 된다. 또한 아이가 문법을 한 번 배운 적이 있다고 해서 모두 이해하고 있으리라 생각해서도 안 된다. 중등 문법은 보통 다섯 회차는 반복해서 공부해야 아이들이 대부분 이해하고 자기 것으로 소화한다. 그냥 처음부터 영어를 잘하는 데에 목적을 두지 말고 무엇을 모르는지 확인하는 데 집중해서 지도하는 것이 좀 더 효과적이다.

우선 완성된 기초 문장을 쓸 줄 알아야 한다. 기초 어순을 충실히 공부해야 한다. 가정법이나 분사 같은 고난도 문법은 기초 시제에 대한 탄탄한 이해가 있는 아이여야 해당 시제 내에서의 변형을 이해할 수 있다. 아주 짧고 쉬운 문장의 규칙이 무엇인지 인지한 아이는 고급 문법에서 문장이 어떻게 변형되는지 알려주면 금방 이해한다. 하지만 제대로 쓰인 쉽고 간단한 문장의 뼈대를 모르는 아이들은 처음부터 끝까지 그저 암기하는 수밖에 없다.

2

초등 영어는
주 3회면 충분하다

보통 초등 영어 학원은 주 2~3회 수업을 진행한다. 대개 루틴은 비슷한데, 수업 시간을 제외하고도 집에 가서 숙제하는 시간이 하루 2~3시간 정도인 경우가 많다. 초등학교 저학년에도 말이다. 그 외에 문법 수업이 추가되면 기존에 진행하던 수업에 더해 시간이 늘어나고, 방학 특강이라도 하게 되면 오전 9시에 학원에 가서 저녁 5시까지 내내 수업하는 경우도 있다. 어떤 날은 종일 테스트만 보기도 한다. 아이들에게 그런 얘기를 들을 때마다 '나라면 그렇게 할 수 있을까?'를 항상 생각해본다. 한참 뛰어다니고 노는 것이 가장 좋을 나이에 체력적, 정신적으로 정말 힘들었을 것이다.

"시간의 효율성!"

예전에 고등학생들을 가르칠 때 항상 강조했던 말이었다. 그리고 지금 초등학생들을 가르치면서도 이 효율성을 가장 중심에 두고 수업을 진행한다. 나는 숙제를 거의 내주지 않는 편이다. 아이들이 해오지 않으면 수업 진도에 차질이 생기기 때문이다. 그래서 중요한 내용은 모두 수업 시간에 공부하고 집에 가서는 쉬고 오라고 이야기한다. 대신 숙제할 양까지 꽉 채워서 수업 시간에 공부를 시킨다.

아이들은 숙제가 없으니 교재도 학원에 두고 다닌다. 그저 몸만 와서 충실하게 머리로 공부하다가 가벼운 마음으로 돌아가면 그만이다. 아이들의 집중력이 흐트러질 때마다 "여기서 하지 말고 숙제로 내줄까?"라고 물어보면 금방 집중해서 다시 공부하기 시작한다. 그만큼 숙제가 싫은 것이다. 대신 공부하는 시간의 효율성은 더욱 높일 수 있다.

'숙제가 없어서 학원을 좋아하는 건 아닐까?'

'그냥 이렇게 둬도 되는 걸까?'

'다들 간다는 내신 학원에 보내지 않아도 되는 걸까?'

'옆집 아이는 집에 와서 숙제만 다섯 시간을 했다던데, 우리 애만 공부량이 너무 부족한 것은 아닐까?'

아이가 숙제 없이 편하게 공부하면 이번에는 양육자가 불안해한다. 특히 아이가 5~6학년이 되어 불안감이 요동치는 시기가 오면 더 심하다. 하지만 초등학생 양육자라면 멀리 고등학교 과정까지 내다보는 혜안이 있어야 한다. 이 책을 쓰게 된 이유도 그 때문이다. 양육자들이 아이들의 영어 교육 때문에 불안한 마음이 들 때마다 펼쳐볼 수 있는 책이 필요하다는 생각이 들었다. 초등 아이들의 실력은 아직 수치화되어 있지 않아서 더 불안한 마음이 생길 수도 있다. 하지만 이제 학습 방법을 배워나가기 시작하는 아이들을 평가한 점수는 아이들을 위해서가 아니라 양육자 마음의 안정을 위해서 필요한 것일 수 있다. 그러니 자녀가 초등학생일 때는 불안감을 조금 내려놓고 멀리 내다보는 자세가 필요하다.

중학교, 고등학교에 가면 아이들의 실제 공부 시간은 확 늘어난다. 만약 초등학교 저학년 때부터 과하게 공부해왔다면 고학년이 됐을 때는 이미 공부에 질려 있을 가능성이 크다. 그때부터 학원 또는 숙제로 양육자와 줄다리기를 하다가 사이가 나빠지기라도 하면, 제대로 공부해야 하는 중고등학교 때 힘들어지는 것은 결국 또 아이들이다. 그러니 초등학생 때부터 너무 많은 숙제를 내주는 학원은 되도록 피하길 바란다.

집에서 아이가 숙제를 많이 하니 공부한다고 좋아할 게 아니라 오히려 그만큼 공부가 덜 되어 집에 오는 건 아닌지 생각해보자. 주 3회 영어 공부는 어른에게도 쉽지 않은 일이다. 아이가 숙제에 짓눌려 공부 자체에 질리지 않도록 주의해야 한다. 초등 공부는 강압적으로 밀어붙여서는 안 된다. 훗날 반드시 탈이 난다. 공부를 꼭 해야 할 시기에 하지 않겠다고 할 수도 있으니 미리 조심해야 한다.

예전에 대입을 앞둔 고등학생을 지도했을 때 일이다. 고등학생들 중에는 교사가 주는 것을 스펀지처럼 흡수해서 제 것으로 만드는 아이들도 있지만, 초등학교 때 함양하지 못한 자신감이 장애물이 되어 중학교 때도 자신만의 공부 스타일을 파악하지 못하고 그대로 고등학교에 진학한 아이들도 있다. 그런 아이들은 사실상 기초부터 다시 시작해야 하는데 고등학생이 되면 현실적으로 시간이 없다.

내가 초등 교육을 시작한 것은 바로 이 때문이다. 고등학교에 진학한 후에 이미 늦었음을 깨닫는 아이가 줄었으면 하는 바람을 늘 가지고 있었다. 공부의 방향 설정을 명확히 하고, 영어 공부의 순서를 효율적으로 바꾸면 적은 양을 반복해서 공부하기만 해도 훗날 큰 효과를 낼 수 있다. 조금씩 꾸준히만 하면 고등학교 때 필요한 영어 실력을 갖출 수 있다.

다시 한번, 초등학생에게 너무 긴 시간 동안 영어 학습을 시키는 것은 지양하길 당부한다. 예전에 잠시 가르쳤던 7세 아이는 어려서부터 너무 많은 영어 학습을 한 나머지 내가 한국어로 하는 말을 제대로 알아듣지 못해서 영어로 얘기할 수밖에 없었다. 당연히 한국어 시제는 이해시키지 못했다. 처음 하는 공부는 천천히, 꾸준히 하는 것이 중요하다. 특히 초등학교 아이들은 재미있게 공부하는 것이 중요하다. 과하지 않게, 기초부터 튼튼하게 공부하는 것이 가장 중요하다.

프랑스에서 아이들을 교육한 선생님과 미국에서 아이들을 교육한 선생님에게 공통으로 했던 질문이 있다.

"그곳에도 사교육이 있나요?"

프랑스나 미국 역시 학구열이 높고 사교육이 비일비재하다. 하지만 프랑스와 미국의 사교육은 대부분 스포츠나 악기 등의 교양 과목 위주다. 혼자서는 익힐 수 없는 기술적인 분야의 사교육들이 주를 이룬다고 한다.

대한민국에서 한 세대 전에 태어난 지금의 양육자 세대에게는

'대입'이 삶의 많은 부분을 해결해주었을지 모른다. 하지만 지금 자라는 아이들의 세상도 우리 때와 같을까를 생각해보면 많은 의문이 든다. 나도 사교육 업계에 종사하고 있지만 적어도 나와 함께 공부하는 아이들은 행복한 아이로, 자신감 있는 청소년으로, 나아가 창의적이고 자주적인 어른으로 자랐으면 하는 마음이다.

3

단어 암기보다 문장 구조를 먼저 이해하라

영어 공부를 시작하기 좋은 나이는 선생님들이나 양육자들의 생각에 따라 차이가 있지만, 내가 보기에 문장력을 이해하고 키우는 공부법을 시작하기에 좋은 나이는 초등학교 3학년부터다. 하루에 15문장씩 한글 문장을 영어 문장으로 만들어보는 수업 패턴을 소화할 수 있는 나이여야 하기 때문이다.

아이가 스스로 한글 문장을 읽고 시제를 파악할 수 있어야 영어 단어를 현재나 과거 중에서 선택해서 쓸 수 있다. 학생이 너무 어려서 한국어 능력이 부족한 경우는 이런 방식의 수업을 진행하기 어렵다. 한글 문장을 보고 현재와 과거를 구분할 수 있어야 문장 만들기 수업이 가능하다.

나는 중고등학교에서 배울 가정법이나 분사, to 부정사, ~ing 등도 수업하는 영작 문장 시제에 녹이되, 초등학생들에게는 어려운 한자 용어를 사용하지 않는 방식으로 수업한다. 아이들은 문장 내에 어떤 속뜻이 담겨 있는지 모른 채 한글 문장을 영어로 바꾸는 연습을 꾸준히 해나갈 뿐이다.

아이들은 이 수업 속에서 문장을 만들 수 있다는 기쁨, 공부를 스스로 한다는 책임감, 오늘의 과제를 해냈다는 뿌듯함, 고민하고 집중해서 문제를 풀어나가는 집중력을 함양한다. 그날그날 제시된 한국어를 매일 영어로 바꾸면서 문장 구조에 어느 정도 익숙해진 후에는 자기 생각을 영어 문장으로 옮기는 것에도 거침이 없다. 이 과정은 기초를 쌓을 시기에 영어 단어를 덜 외우고 고학년에 필요한 공부 자신감과 영어 공부의 그릇을 키워나가게 해준다.

주로 첫 수업에서는 '기초 평서문' 시제로 공부를 시작한다. 앞에서도 언급했지만 AR 4점대인 4~5학년도 기초 시제 영작지를 한 장 주고 15개 문장에 대한 영작을 시켜보면 반 정도는 틀린다. 그동안 문장 구성 능력이 없는 상태에서 단어를 암기하고 책을 띄엄띄엄 읽어왔기 때문이다. 그런 학생은 기초 시제부터 차근차근 공부를 다시 시작해야 한다. 가끔은 1학년이나 2학년도 때에 따라 조금 이르게 수업을 진행하기도 한다. 하지만 역시나 국어 능력이 부족한 경우는 영어 문장 구성을 이해하는 데도 한계를 보인다. 그래서 3학년 미만의 학생들은 꼭 국어 학습을 병행할 것을 권유한다.

처음 공부할 때 접하는 기초 시제 문장 속에는 단어가 3~4개 정도 들어 있다. 초반에는 '주어-동사-보어' 또는 '주어-동사-목적어' 정도의 순서로 한다. 기초 시제를 진행할 때는 문장 뒤쪽에 따라오는 전치사구도 잘 넣지 않는다. 쉬운 문장으로 예를 들면 다음과 같다.

이렇듯 처음 구조를 공부하는 아이들은 쉬운 단어들만 포함된 문장으로 구조에 익숙해지는 연습을 한다. 문장 구조를 먼저 익히기 위해 부담 없는 수준의 단어들로만 구성하는 것이다. 아이들은 그래도 많이 틀린다.

간혹 문장을 읽거나 쓸 때 시제를 정확히 구분하지 못하는 학생이면 AR 점수가 몇 점이든 기초 시제부터 하나하나 다시 시작한다. 구멍이 숭숭 난 채 무작정 달려만 왔던 그 학생의 지난 영어 공부 길의 틈을 메꾸는 작업이 먼저 필요하기 때문이다. 수능과 입시를 위해서라도 반드시 중학교에 가기 전에 이 과정이 선행되어야 한다.

쉬운 단어로 구성된 문장 구조를 기초 시제별로 학습하는 데는 고학년 기준 보통 6개월 정도가 걸린다. 6개월이 지나고 나면 문장 내의 be 동사와 일반동사를 어떻게 구분해서 쓰는지 학생 스스로 터득한다. 그때부터 조금씩 중급 시제로 진도를 나간다.

이때 영어책 읽기도 함께 진행하면 좋은데, 역시 기초 영작 시제만큼이나 난도가 낮은 책을 함께 읽히면 도움이 된다. 오늘 썼던 문장과 읽는 문장의 수준을 통일시켜 주면 현재 배우고 있는 문장 구조를 파악하기가 쉽다. 집에서도 이 방법대로 공부할 수 있다. 책의 워크북 파트를 참고해서 활용해보자. 시제를 차례대로 바꿔가며 반복 진행하면 된다.

아이가 높은 레벨의 영어책을 읽는 것이 양육자에게 뿌듯함을 안겨줄 수는 있겠지만, 문장을 만들지 못하는 아이가 읽기 공부만 반복하는 것은 실력 향상에 큰 도움이 되지 않는다. 아이가 읽는 영어책은 한 페이지당 모르는 단어가 두세 개 정도만 포함된 수준을 추천한다. 그래야 아이가 자신이 뭘 모르는지 구분할 수 있다.

모르는 단어가 너무 많으면 아이는 글을 해석하기보다는 아는 단어를 찾아 징검다리식 해석을 한다. 영어 공부 초반에 피해야 할 안 좋은 습관이다. 그래서 영어책은 아이가 모르는 단어를 발견하면 무슨 뜻인지 궁금해하고 찾아보면서 계속 읽을 수 있는 정도의 수준을 추천한다.

영어 공부를 처음 할 때는 기초 시제부터 시작해 각종 시제의 문장들로 6개월에서 1년 정도 영작을 진행하는 것이 좋다. 이 과정을 통해 아이가 어순과 문장 구조를 익혀나가는 시간을 갖게 해주자.

나는 하늘을 처다본다.
구름은 회색이다.
그는 버스에 탄다.
그녀는 소란을 피운다.

엄마는 창문을 닦는다.

위의 문장은 눈으로만 보면 아주 쉬운 문장들이다. 초등학교 고학년이라면 위의 문장들이 영어로 쓰인 경우 다들 해석할 수 있다. 하지만 그렇게 쉬운 문장임에도 불구하고 스스로 만들 수 없다는 사실이 문장 15개만 직접 써봐도 금방 드러난다.

　또한 초기 영어 학습에서는 단어 암기를 강요하지 않는 것이 중요하다. 영어 공부의 첫 시작은 '문장 구조'여야 하며, 여기에 '단어 암기'까지 두 마리 토끼를 잡으려 하다가 자칫 둘 다 놓칠 수 있다. 문장 구조를 익히는 과정을 1년 이상 진행하고 익숙해졌을 때 단어 암기를 시작하면 아이들은 시키지 않아도 단어를 품사별로 암기한다. 영어 단어의 품사를 구분해서 사용하는 것은 영어 학습에서 무엇보다도 중요한 핵심이다. 영어는 품사별로 문장 내에서 위치할 수 있는 자리가 정해져 있기 때문이다.

　다만 5~6학년의 경우 1년 이상 기다려주면서 기초 문장 구조만 학습하기에는 중학교에 진학하기 전까지 시간이 부족할 수 있다. 그래서 5~6학년이고 기초를 다시 점검해야 하는 학생들은 문장 구조를 배우는 것을 기초부터 진행하되, 어렵지 않은 단어장을 골라 단어 암기를 병행하게 한다. 이렇게 문장의 어순을 차례로 공부하면서 문장력을 쌓은 아이는 단어 암기도 적극적으로 하고, 특히 문법을 이해하는 속도가 빨라진다. 영어 공부는 무엇보다도 '순서'가 가장 중요하다. 이 점은 몇 번을 강조해도 부족하다.

문장 구조의 핵심, 어순과 시제

 영어 문장 구조는 전치사를 포함한 부사구를 제외하고 큰 뼈대만 나누면 다음과 같이 구분할 수 있다.

- ☑ 주어-동사 (1형식)
- ☑ 주어-동사-보어 (2형식)
- ☑ 주어-동사-목적어 (3형식)
- ☑ 주어-동사-(간접)목적어-(직접)목적어 (4형식)
- ☑ 주어-동사-목적어-목적격 보어 (5형식)

이 큰 틀 안에서 각 자리에 쓰일 수 있는 품사가 다 다르고, 그 자리에 맞지 않는 품사가 들어가면 문법적으로 맞지 않는 문장이 된다. 문장이 길어지는 것은 기본 구조의 문장에 구, 절 등이 포함되거나 전치사를 포함한 부사구/부사절 등이 뒤에 따라오기 때문이다. 하지만 큰 뼈대는 언제나 같으므로, 반드시 그 자리에 맞는 품사를 넣어 문장 구조 내에서의 위치를 지켜줘야 한다. 이것이 바로 '영문법'이다.

한국어와는 달리 조사가 없는 영어는 문장 내의 자리가 조사의 역할을 대신한다. 영어는 쉽게 생각하면 쉽기 때문에 쉽게 가르칠 수 있다. 배우는 아이들도 쉽게 가르치면 쉽게 배운다. 반대로 영어를 어렵게 가르치면 어렵게 배운다. 지금의 부모 세대는 대부분 어렵게 배웠기 때문에 영어를 어려워하는 경우가 많다. 그러니 아이가 영어를 어렵게 가르치는 학원에 다닌다면 그 아이도 영어를 어려워할 공산이 크다.

아이들이 수학의 기본인 구구단을 외우듯이 영어 문장의 뼈대를 익혔다면, 그다음에는 곱셈과 나눗셈을 배우듯 시제를 배워야 한다. 시제를 알면 문장을 다채롭게 말하거나 해석하거나 쓸 수 있다. 그러면 듣는 것은 어떨까? 말할 수 있는 문장은 들린다. 신기하게도 내가 정확하게 구조를 알고 소리내어 말할 수 있는 문장은 전체 문장이 다 들린다.

그래서 기초 문장 공부가 된 아이는 조금의 듣기 연습만으로도 커다란 효과를 볼 수 있다. 물론 원서를 읽을 때는 처음부터 연습용으로 음원 듣기를 병행하는 것이 좋다. 하지만 처음부터 너무 듣기에 몰입할 필요는 없다. 아이의 나이에 맞게 파트별로 하나씩 공부를 진행하면 된다.

앞서 문장 안에서 간단하게 영작할 수 있는 문장의 구조를 제시했으니, 이번에는 그 문장 밖으로 나가서 다양하게 활용할 수 있는 기초 시제를 제시하고자 한다. 시제를 공부하는 순서는 쉬운 것부터, 문장이 짧은 것부터, 비슷한 것부터 하면 된다.

다음 페이지의 표는 내가 수업 시간에 사용하는 시제를 정리한 것이다. 기초 시제만 50개로 정리한 것인데, 현재 3학년부터 공부하기 시작해 4년 차 재원 중인 6학년생들은 시제 표 100번 후반대에서 200번대 초반의 시제를 진행하고 있다. 150번까지 시제를 완료하면 중등 문법에 나오는 시제가 끝나고, 200번까지 시제를 완료하면 고등 문법에 나오는 내용도 모두 마무리된다고 보면 된다. 그 후 200번 이상의 시제를 공부하는 학생들은 토익이나 토플에 나오는 표현들도 직접 써보는 연습을 병행한다.

따라서 보통 150번 정도까지 시제 진도를 나가고 나면 양육자들에게 원어민과의 화상 영어나 전화 영어 진행을 권유한다. 표에서 1~39번까지는 하나씩 나눠진 패턴으로 시제 연습을 진행하고, 40번 이후에는 그간 배운 시제를 섞어서 복습하는 과정을 진행한다. 이후 공부하는 시제들도 같은 패턴으로 '하나의 패턴별로 학습하기-섞인 시제로 복습하기' 과정을 반복한다.

간단한 패턴 속 문장들에서 한국어 어미를 바꿔가면서 이 문장들의 영작이 원활해질 때까지 연습하는 것이다. 우선 1~50까지의 시제만 공부해도 족히 6개월은 걸린다. 하나의 시제를 한 번씩만 공부하는 것이 아니기 때문이다. 표를 참고해 각각의 시제에 맞는 한글

	기초 시제 50개	
	시제	**제목**
1-1	평서문 현재	"우리는 ( )야."
1-2	평서문 현재	"우리는 ( )해."
1-3	평서문 과거	"우리는 ( )였어."
1-4	평서문 과거	"우리는 ( )했어."
1-5	현재진행형	"우리는 ( )하는 중이야."
1-6	과거진행형	"우리는 ( )하는 중이었어."
1-7	과거진행 부정	"우리는 ( )하는 중이 아니었어."
1-8	현재진행 부정	"우리는 ( )하는 중이 아니야."
1-8	조동사 평서문(can, will, should)	"우리는 ( )할 수 있어."
1-10	조동사 부정문(can't, won't, shouldn't)	"우리는 ( )할 수 없어."
1-11	부정문 현재	"우리는 ( )가 아니야."
1-12	부정문 현재	"우리는 ( ) 안 해."
1-13	부정문 과거	"우리는 ( )가 아니었어."
1-14	부정문 과거	"우리는 ( ) 안 했어."
1-15	조동사 의문문(can, will, should)	"우리가 ( )할 수 있어?"
1-16	조동사 부정의문문(can't, won't, shouldn't)	"우리가 ( )할 수 없어?"
1-17	의문문 현재	"우리는 ( )야?"
1-18	의문문 현재	"우리는 ( )해?"
1-19	부정의문문 현재	"우리는 ( )가 아니야?"
1-20	부정의문문 현재	"우리는 ( ) 안 해?"
1-21	의문문 과거	"우리가 ( )였어?"
1-22	의문문 과거	"우리가 ( )했어?"
1-23	부정의문문 과거	"우리는 ( )가 아니었어?"
1-24	부정의문문 과거	"우리는 ( ) 안 했어?"
1-25	현재진행 의문문	"우리는 ( )하는 중이야?"
1-26	과거진행 의문문	"우리는 ( )하는 중이었어?"
1-27	현재진행 부정의문문	"우리는 ( )하는 중이 아니야?"

1–28	과거진행 부정의문문	"우리는 ( )하는 중이 아니었어?"
1–29	의문사 what – 조동사 의문문(can, will, should)	"우리가 무엇을 할 수 있어?"
1–30	의문사 where – 조동사 의문문(can, will, should)	"우리가 어디에서 ( )할 수 있어?"
1–31	의문사 why – 조동사 의문문(can, will, should)	"우리가 왜 ( )할 수 있어?"
1–32	의문사 what – 조동사 부정의문문(can't, won't, shouldn't)	"우리가 무엇을 할 수 없어?"
1–33	의문사 where – 조동사 부정의문문(can't, won't, shouldn't)	"우리가 어디에서 ( )할 수 없어?"
1–34	의문사 why – 조동사 부정의문문(can't, won't, shouldn't)	"우리가 왜 ( )할 수 없어?"
1–35	의문사 what – 의문문 현재	"우리가 무엇을 해?"
1–36	의문사 where – 의문문 현재	"우리가 어디에서 ( )해?"
1–37	의문사 why – 의문문 현재	"우리가 왜 ( )해?"
1–38	의문사 what – 부정의문문 현재	"우리가 무엇을 안 해?"
1–39	의문사 where – 부정의문문 현재	"우리가 어디에서 ( ) 안 해?"
1–40	의문사 what, where, why – 의문문 현재진행	"우리는 무엇을 / 어디에서 / 왜 ( )을 하는 중이야?"
1–41	의문사 what, where, why – 의문문 현재진행 부정	"우리는 무엇을 / 어디에서 / 왜 ( )을 하는 중이 아니야?"
1–42	의문사 what, where, why – 의문문 과거진행	"우리는 무엇을 / 어디에서 / 왜 ( )을 하는 중이었어?"
1–43	의문사 what, where, why – 의문문 과거진행 부정	"우리는 무엇을 / 어디에서 / 왜 ( )을 하는 중이 아니었어?"
1–44	부정문 현재/과거 MIX	
1–45	부정문 현재/과거진행 MIX	
1–46	의문사 의문문 현재/과거 MIX	
1–47	미래진행 평서문	"우리는 ( )하는 중일 거야."
1–48	미래진행 부정문	"우리는 ( )하는 중이 아닐 거야."
1–49	의문문 복합 MIX	
1–50	기초 시제 연습 MIX	

문장을 아이와 함께 만들어보면 도움이 될 것이다.

4학년이 되어서도 한글로 쓰인 문장을 보고 현재인지 과거인지 구분하지 못하거나, 조동사 어미를 이해하지 못하는 아이들이 생각보다 많다. 처음에는 시간도 오래 걸리고 힘들어하지만 아이들은 어른보다 적응력이 빠르다. 조금만 익숙해지면 금방 재미있게 스스로 공부한다. 이렇게 짧은 문장으로 공부를 꾸준히 하면서 차차 문장에 살을 붙여주면 된다.

이 책에서는 '기초 시제로 만드는 영어 문장력 키우기 워크북 50'을 제공하려 한다(부록 참조). 이 워크북으로 아이와 함께 노트에 쓰면서 표에서 제시한 1~50번까지 영작을 진행하고 복습하는 과정을 반복하면 기초 영어 문장 쓰기 과정은 완벽하게 습득했다고 볼 수 있다. 워크북이 더 필요하다면 문장 내의 단어만 달리해서 복습을 진행해도 좋다.

부담을 주지 않고 영어 문장 쓰기 공부를 진행하는 것, 그리고 단어를 암기해서 쓰라고 강요하지 않는 것. 이 두 가지가 초등 영어 공부의 핵심이다. 문장 패턴 영작을 진행하는 도중에 모르는 단어가 나오면 사전을 검색하는 것도 좋은 방법이 될 수 있다. 꾸준한 문장 만들기 연습을 통해 모두가 영어를 쉽게 읽고, 쓰고, 말하고, 들을 수 있기를 바란다.

5

문장 이해도별 영어책 추천 목록

문장 쓰기와 함께 진행해야 하는 또 하나의 공부는 읽기다. 영어책 종류도 워낙 많고 다양해서 집에 구비해두고 보려고 해도 어떤 것을 골라야 할지 어려울 수 있다. 여기서는 입문-초급-초중급-중급-고급 이렇게 다섯 단계로 나눠 읽으면 좋을 만한 영어책을 추천하고자 한다. 수업을 진행하면서 사용할 책 리스트를 작성하며 무척 고민이 많았다. 같은 레벨 지수에서도 선택할 만한 책 종류가 너무나도 많기 때문이다. 그 많은 도서 중에서 내 수업 방식과 잘 맞을 만한 책을 고른 것이니 참고하면 좋을 것이다.

입문: AR 0.5~1.0 / Lexile BR~220

영어책을 처음 입문하는 학생들이 읽으면 좋은 책 리스트를 선정해 봤다. 학원에서도 이 단계에서 공부를 시작하는 학생들은 보통 2~3 학년의 학생들로, 문장의 어순과 시제를 처음부터 공부하면서 병행하는 시리즈들이다.

- Scholastic Hello Reader Level 1~2
- Step into Reading Level 1~2
- Usborne First Reading Level 1~2
- e-future Classic Readers Level S, 1~2
- An I Can Read Book My First & Level 1
- Disney Fun To Read Set Level 1

이 정도 수준의 책들은 주로 많은 그림과 알록달록한 색깔로 구성되어 아이들이 책을 읽을 때 지루하지 않다. 한 페이지에 포함된 문장은 보통 네 줄을 넘지 않고, 단어 수준도 쉬운 편이라 입문 단계에서 보면 유용할 책들이다.

초급: AR 1.0~2.0 / Lexile 220~500

처음 영어책을 접한 지 6개월 이상 되었고, 주 3회 이상 꾸준히 영어 학습을 진행해왔다면 다음 단계로 넘어갈 때다. 첫 단계의 책에는 문장만 있었다면 이 단계의 책부터는 그리 길지 않은 문단이 등장한다. 단어 수준도 처음보다는 약간 올라간다.

앞서 지수 파트에서 설명했듯이 AR 0.5~1.0은 미국의 초등학생 1학년 정도 아이들의 어휘량을 표시한 것이다. 그래서 AR이 2점대로 올라간다는 것은 기준 학년이 1학년 후반에서 2학년 초반 수준으로 오른 것이라고 보면 된다. 4~5학년 학생들에게 테스트 후 이 수준의 영어책 해석을 꼼꼼하게 시켜보면 시제나 전치사를 정확하게 해석하는 아이가 많지 않다. 4~5학년임에도 기초가 너무 부족하다면 입문 레벨의 책부터 시작해도 된다.

- e-future Classic Readers Level 3~4
- An I Can Read Book Level 2
- Arthur Starter
- Disney Fun To Read Set Level 2
- Eloise
- Froggy
- Little Critter
- Fly Guy
- Usborne First Reading Level 3~4

입문 레벨에서 6개월 정도 공부하고 초급 레벨로 왔다면, 초급 레벨의 책들도 6개월가량 학습하면서 읽어주는 것이 좋다. 읽으면서 주의할 것은 아는 단어 위주로 띄엄띄엄 읽는지, 문장 전체를 시제별로 전치사까지 포함해서 정확하게 해석하는지다. 이 단계까지도 모르는 단어는 그때그때 찾아보면서 읽으면 조금 더 재미있게 원서의 내용을 이해하면서 읽을 수 있다.

초중급: AR 2.0~3.0 / Lexile 450~700

영어 시제와 기초 학습이 끝난 단계다. 영어 학습을 한 지 1년 이상 되었으니 이 단계부터는 단어 학습을 병행하는 것도 좋다. 단, 아이가 아직 3학년이 되지 않았다면 단어 암기를 힘들어할 수도 있다. 초등 시절의 영어 공부는 아이가 지겹다고 느끼지 않는 것이 중요하다. 어디까지나 재미있게, 힘들지 않은 수준에서 진행하는 것이 좋다.

- Usborne Young Reading Level 1-2
- School Adventure Series 1-3
- Arthur Adventure
- Scholastic Hello Reader Level 3~4
- Step into Reading Level 3
- Disney Fun To Read Set Level 3
- Art Classic Stories
- Chameleons
- Curious George
- e-future Classic Readers Level 5~6
- Henry and Mudge
- Mr. Putter & Tabby
- Robin Hill School
- Winnie the Witch

중급: AR 3.0~5.0 / Lexile 700~900

이 정도 수준에서는 문법 공부와 함께 국어 공부를 하는 게 중요하다. 열심히 영어 실력을 늘려오다가 국어 실력 때문에 크게 주춤하는 구간이다. 그래서 영어 공부를 처음 시작할 때 국어 공부를 병행하면 영어 실력에 가속도가 붙는다. 일반적으로 챕터북이라고 이야기하는 책들을 이 수준에서 읽기 시작한다. 챕터북은 흑백으로 된 것이 많아 저학년 아이들은 조금 지루하게 느낄 수도 있으니 고학년 학생들에게 추천한다.

- Cam Jansen
- Mercy Watson
- Arthur Chapter
- Nate the Great
- e-future Classic Readers Level 7~11
- Magic Tree House
- Geronimo Stilton
- A To Z Mysteries
- Junie B. Jones
- Franny K. Stein
- My Weird School

나는 학생들에게 성별 구분 없이 책을 읽히는 편이다. 어른의 관점에서 남자아이가 읽기 좋은 책과 여자아이가 읽기 좋은 책을 구분하는 것은 편견이라고 본다. 아이들이 읽다가 지루해할 수도 있지만, 어릴 때는 이것저것 경험을 많이 해보고 나중에 취향을 구분해도 충분하다는 생각에서 성별 구분 없이 다 읽히고 있다. 남자아이들도 공주님 이야기를 읽고 여자아이들도 용맹한 용사의 이야기를 읽는다. 아이들은 각자 특성이 다 다르다. 그래서 성별만으로는 예측할 수가 없다.

고급: AR 6.0~7.0 이상 / Lexile 1,000 이상

이 수준에서는 무엇이든 골라 읽을 수 있다. 아이가 흥미 있어 하는 원서를 골라서 읽으면 된다. 《Harry Potter(해리 포터)》나 《The Chronicles Of Narnia(나니아 연대기)》 등을 시리즈로 읽는 것도 가능하다. 개인적으로 파울로 코엘료의 소설을 추천한다. 코엘료의 소설은 한글로 읽어도 문장이 그리 어렵지 않아서 원서로 읽기에 적당하다. 고학년이 읽기에는 코엘료의 소설 중에서도 《The Alchemist(연금술사)》가 입문용으로 시작하기에 좋다.

6

문장력에 날개를 달아주는 영어책 읽기

영어책을 읽는 방법은 학원마다 가르치는 스타일이 다르고 집에서 직접 지도하는 방법도 천차만별이다. 또 가르치는 방법이 다양한 만큼 배우는 아이들의 스타일도 다양하다. 앉아서 조용히 책을 읽는 걸 좋아하는 아이가 있는 반면에, 말로 떠들면서 귀로 들으며 공부하는 것을 좋아하는 아이도 있다. 자녀가 '시각형 아이'인지 '청각형 아이'인지 구분해서 집에서 지도하거나, 학교에서 학년이 바뀌거나 학원에 처음 갈 때 아이의 성향을 미리 귀띔해주는 것도 좋은 방법이다.

처음 공부를 시작할 때는 아이의 성향에 맞게 읽기와 듣기의 비율을 적절히 배합해야 한다. 하지만 읽기도, 듣기도 문장력이 뒷받침되지 않으면 언젠가 모래성처럼 부서지므로, 문장을 만드는 공부를 병행하는 것이 중요하다.

이제 막 영어책 읽기를 시작한 저학년이라면 듣기와 읽기의 비율이 8 대 2 정도가 좋다. 들으면서 써보는 것도 스펠링 공부에 도움이 많이 된다. 간혹 너무 활발해서 가만히 앉아 있거나 글씨를 쓰는 것을 힘들어하는 아이들이 있다. 그런 아이들은 처음에는 지루하거나 지겨워하지 않는 범위 내에서 성향에 맞는 공부법으로 시작하는 것이 좋다.

하지만 글을 읽는 것 자체를 싫어한다고 해서 언제까지나 그대로 두어서는 안 된다. 소리를 듣는 능력은 자라면서 저절로 형성되지만 문장을 읽는 시야의 폭은 연습하는 만큼 넓어지므로, 우선 영어책이 아닌 국어책으로 글 읽는 연습을 하면서 책 읽기 시야의 폭을 넓혀가야 한다. 읽을 수 있는 국어책의 문장 길이가 10이라면 영어 문장의 길이는 3 정도의 비율로 시작하면 적당하다.

영어책을 처음 고를 때는 아이가 아는 단어와 모르는 단어의 비율이 7 대 3 정도면 좋다. 아이가 아는 내용이 많아 재미를 느끼면서 한두 가지씩 모르는 것을 배워가며 책을 읽어나갈 수 있도록 난도를 조정하자.

저학년이고 아직 문장을 만드는 능력이 쌓이지 않았다면 제대로 해석할 수 없는 문장이나 단어가 너무 많은 어려운 책을 읽는 것은 좋지 않다. 아이가 띄엄띄엄 눈으로 훑어보며 아는 단어만 찾아 징검다리를 건너뛰듯 읽는 습관을 들일 수 있기 때문이다. 그렇게 문장을 읽는 습관은 초등 시절에는 AR 지수를 높일지 모르나, 나중에 고등 독해에서 정말 어렵고 긴 문장을 자세히 읽어야 할 때 걸림돌이 될 수 있다. 그러니 아이가 한글로 읽어도 길다 싶을 만한 영어책을 읽는다면 전치사를 알맞게 해석하고 있는지, 각 문장을 시제에 맞게 해석하는지 확인하면서 수준에 맞는 원서를 골라서 읽기 지도를 하는 것이 좋다.

　사실 읽기는 영어 학습의 어느 단계와 병행해도 도움이 된다. 앞서 제시했던 영어 공부 순서를 다시 한번 확인해보자.

파닉스 이후 본격적인 영어 공부를 문장 쓰기로 시작하면서 쓰는 문장의 수준과 비슷한 수준의 읽기를 병행해주면 쓰기 공부에서 문장의 감을 늘리는 데 도움이 된다. 듣기 공부를 하면서 읽기를 병행하면 들을 때는 미처 듣지 못한 전치사나 시제의 활용 등을 눈으로 확인할 수 있어 듣기 공부에도 도움이 된다. 단어 공부와 말하기 연습을 할 때도 읽기를 병행해주면 어휘량이 늘어나고 문장의 표현력도 함께 상승한다.

　결국 읽기를 꾸준히 진행하는 것은 한국어 서적과 영어 서적을 떠나 개인이 사용하는 문장을 풍성하게 해주며 어휘, 듣기, 말하기, 쓰기 등 다방면에 도움을 준다. 가장 중요한 점은 아이 스스로 문장을 구성하는 문장력이지만 그 힘에 날개를 달아주는 것이 리딩, 즉 읽기임을 기억하자.

ELEMENTARY ENGLISH STUDY

PART
4

문장력의 확장,
어휘

만일 아이가 알파벳조차 모르는 경우라면 일단 발음과 스펠링에 익숙해지도록 여러 번
발음해보고 들어보는 과정을 통해 기본을 익혀야 한다. 하지만 파닉스가 끝난 아이라면
굳이 처음부터 많은 단어를 외우느라 힘을 뺄 게 아니라 영어 어순을 익히며 구조를 단
단하게 다지는 과정을 먼저 진행해야 한다. 문장의 구조를 배우는 것은 집을 짓기 위해
흙을 고르고 터를 단단하게 다지는 일과 같다. 단어는 그 위에 쌓아 올리는 한 개, 한 개
의 벽돌이다. 모래사장에 벽돌만 가득 있다고 건물이 지어지지 않는 것과 같다. 영어 공
부의 지반을 튼튼하게 다지는 것이 바로 문장력이다. 단어의 벽돌은 그 위에 쌓아 올려
야 한다.

단어,
암기보다 활용이 중요하다

아이들을 많이 만나다 보니, 5학년 때까지 영어 단어 암기와 숙제 위주로 공부해서 기초가 제대로 잡히지 않은 학생들을 자주 접하게 된다. 이 아이들은 외웠던 단어를 문장의 어느 자리에 사용해야 하는지 모르는 채 한 주에 100~200개씩이나 되는 단어를 그저 외우기만 한 것이다.

단어는 외워도 주기적으로 잊는다. 그래서 많은 양을 한 번에 외우는 것은 별로 의미가 없다. 아이든, 어른이든 사용하지 않는 영어 단어는 결국 까먹는다는 사실을 이해하고 공부해야 한다. 그래서 단어 암기는 문장을 만들면서 익히는 것 50퍼센트, 추가로 더 암기하는 것 50퍼센트 정도로 생각하고 공부하면 좋다.

영어에서 자주 사용되는 주요 동사들의 경우 뒤에 따라오는 전치사만 달라져도 뜻이 천차만별이다. 영어 단어 하나당 한글 뜻 한두 개로 짝을 맞춰 외우는 한국식 영어 학습 방식으로는 실력을 늘리는 데 한계가 있다. 결국 초등 시절에 단어 암기 위주로 공부했던 아이들은 중고등학교에 진학해서 전치사가 붙어 있는 동사를 '숙어'라는 말로 또다시 '암기'한다. 영어 문장을 만들거나 실제로 말하기 위해 동사에 맞는 전치사를 골라 때에 따라 사용하며 자연스레 체득하는 것과 그냥 숙어집 한 권을 통째로 외우는 것은 활용도에서 큰 차이가 난다.

암기만을 반복하면 나중에 영어 공부를 반복해서 해야 하는 악순환에 빠진다. 무엇보다도 공부한 내용을 실생활에 활용하지 못한다. 그런데도 초등학교 때부터 무작정 암기로 영어 공부를 하는 아이들이 많다. 양육자 세대의 비효율적인 학습 방법이 영어를 말하고 쓰기 어렵게 만들었다면, 적어도 아이가 그 방법을 답습하는 것은 피하도록 해줘야 한다. 결국 언어란 사용할 수 있어야 의미가 있다.

단어 암기보다 문장 구조를 먼저 공부하는 것의 큰 장점은 문장 구조를 먼저 배운 아이들은 나중에 단어 암기를 기피하지 않는다는 점이다. 사실 영어 공부에서 단어 암기는 수능 전날까지도 해야 하는, 말 그대로 무한 반복 학습이다. 그런데 이미 초등 3~4학년 때 단어 암기에 질려버리면 이후에 이어지는 길고 긴 공부에도 두고두고 걸림돌이 된다. 하지만 영어를 배우는 초기에 공부의 순서를 바꿔주면 고학년부터 시작하는 단어 암기를 아이가 기피하지 않을 수 있다. 그렇다면 어떻게 해야 아이들이 그 싫어하는 단어 암기를 마다하지 않고 잘하게 할 수 있을까?

☑ Point 1 단어 암기가 지겹지 않은 양일 것

나는 수업을 진행하면서 보통 3학년까지는 단어 암기를 시키지 않는다. 1~3학년은 문장만 순서대로 잘 써도 칭찬을 받는다. 집에 가서 할 숙제도 없고, 시험도 없다. 그저 문장을 쓰고 틀린 것을 확인하고 고치고, 쓰고 틀린 것을 확인하고 고치는 과정을 수업 시간마다 반복한다. 저학년의 어린 학생들은 아직 무언가를 머리로 고민해서 결과물을 내놓는 것이 익숙하지 않을 수 있다. 그런 방식으로 공부해본 적이 없기 때문이다.

하지만 대부분 학습 적응 기간이 한 달을 넘어가지는 않는다. 대부분의 학생이 한 달 안에 스스로 문장을 만드는 과정에 적응한다. 그래서 어릴 때는 단어를 따로 암기하지 않아도 저절로 암기되는 방식으로 공부를 시키고, 어느 정도 문장 구조에 익숙해지면 단어 암기를 시작하도록 지도하는 게 좋다. 처음 시작할 때는 일주일에 30~40개, 단어 암기가 1년 정도 지속된 후에는 일주일에 100~200개도 가능하다.

☑ Point 2 단어 암기가 어렵지 않은 수준일 것

단어를 암기할 때는 난도 조절도 중요하다. 처음 시작하는 아이에게 수준에 맞지 않는 단어를 스펠링까지 달달 외우게 하는 것은 공부가 지겹다는 인식을 심어줄 수 있다. 아이에게 맞는 수준에서 적은 양으로 시작해 차츰 늘려가는 방식으로 진행한다. 난도는 아이가 아는 단어와 모르는 단어의 비율이 50 대 50 정도에서 시작하는 게 좋다.

☑ **Point 3 스스로 해내는 양에 성취감을 느끼게 해줄 것**

어른도 마찬가지겠지만, 언제까지 얼마나 해야 할지 모르고 진행하는 것과 언제까지 얼마만큼의 양을 진행할지 알고 시작하는 것은 차이가 크다. 아이에게 최종 목표 지점을 알려주고, 그 과정에서 소화해야 할 양이 주기적으로 얼마만큼인지 미리 알려주고 시작하자. 친절하게 그래프도 그려서 벽에 붙여두고, 외운 만큼 스티커를 붙일 수 있게 해주면 아이가 좀 더 재미를 붙이면서 단어를 외울 수 있다.

☑ **Point 4 '단어를 모르면 불편하구나!'를 느끼게 할 것**

나는 문장 만들기 수업을 진행하면서 아이가 모르는 단어가 있을 때마다 제 손으로 사전을 검색한 뒤, 쓰고 있는 문장의 알맞은 위치에 알맞은 품사로 넣는 과정을 반복하게 한다. 그래서 처음에는 문장 쓰기 연습만으로도 자연스럽게 익혀지는 단어가 많다. 따로 외우지 않아도 기본 단어를 익힐 수 있다. 그런데 아이들로서는 모르는 단어가 나올 때마다 사전을 검색하는 게 꽤 귀찮은 일이다. 모를 때마다 직접 찾아봐야 하는 그 귀찮은 일을 해보지 않았던 아이들은 그 과정을 힘들어한다. 하지만 문장 공부를 꾸준히 진행할수록, 한 문장을 쓸 때마다 단어를 모두 찾아보는 수고가 줄어든다. 왜냐하면 그사이 굳이 검색해보지 않아도 아는 단어가 늘어났기 때문이다.

이럴 때 아이들은 더더욱 기억해내려 애쓴다. "아, 이거 아는 건데! 아! 아!" 그리고 나서 마침내 기억해낸 단어는 머릿속에 깊이 각인된다. 알 것 같고 가물가물하던 것을 떠올린 기쁨이 크기 때문이다. 아이들이 6개월 정도 공부하고 나면 모두가 한 번씩 하는 말이 있다.

"선생님! 이 문장, 사전 찾기 한 번도 안 하고 다 썼어요!!"

공부는 결과가 아니라 과정이며, 그 과정에서 수고로움을 스스로 느껴야 한다. 그래서 초등 교육은 느리게 진행하는 것이 좋다. 어떤 과정이 있는지 아이가 모두 경험해봐야 하기 때문이다. 선생님이 알려주는 공부에 익숙한 아이들은 스스로 성장하는 방법을 배울 수 없다.

> ☑ **Point 5** **'단어를 몰라서 너무 답답하다!'라고 느낄 때**
> **암기량을 늘려줄 것**

1~2년간 문장을 쓰면서 공부해온 아이들은 단어 시험을 본 적이 없는데도 자신이 아는 단어량이 어느새 많아진 것을 느낀다. 그때쯤 되면 나는 지금껏 쓰기 레벨보다 쉽게 조절해왔던 읽기 레벨을 어렵게 올린다. 지금껏 통으로 완벽하게 해석할 수 있었던 영어책 읽기가 갑자기 난관에 부딪히는 것이다. 그동안 책을 읽을 때 느끼지 못했던 답답함이 생긴다. 그 과정을 통해 단어 암기의 필요성을 아이가 스스로 느끼게 된다. 그 유명한 말도 있지 않은가! '공부는 스스로 필요해야 한다.' 아이들도 똑같다. 필요하다고 느끼면 공부한다.

앞서 영어 공부를 집짓기에 비유했는데 정말 그렇다. 만일 아이가 알파벳조차 모르는 상태라면 일단 발음과 스펠링에 익숙해지도록 여러 번 발음해보고 들어보는 과정을 통해 기본을 익혀야 한다. 하지만 파닉스가 끝난 아이라면 굳이 처음부터 많은 단어를 외우느라 힘을 뺄 게 아니라 영어 어순을 익히며 구조를 단단하게 다지는 과정을 먼저 진행해야 한다.

문장의 구조를 배우는 것은 집을 짓기 위해 흙을 고르고 터를 단단하게 다지는 일과 같다. 단어는 그 위에 쌓아 올리는 한 개, 한 개의 벽돌이다. 모래사장에 벽돌만 가득 있다고 건물이 지어지지 않는다. 영어 공부의 지반을 튼튼하게 다지는 것이 바로 문장력이다. 단어의 벽돌은 그 위에 쌓아 올려야 한다.

2

스펠링부터 외울까?
단어 뜻부터 외울까?

초등학생에게 단어 시험을 보려면 스펠링을 외우게 해야 할까? 아니면 단어 뜻을 외우게 해야 할까? 문장력을 바탕으로 영어 공부를 하면 따로 단어 뜻이나 스펠링을 암기할 필요가 없다.

문장력을 바탕으로 하는 영어 공부란 문장의 시제를 파악한 후 문장 내 위치마다 단어의 품사를 정확하게 쓰는 것으로 시작하는 공부를 말한다. 문장력을 바탕으로 영어 공부를 시작한 아이들은 문장을 쓰면서 모르는 단어마다 사전을 검색해보고 올바른 자리에 올바른 품사와 스펠링을 정확하게 쓰면서 학습한다. 이 방식을 영어 교육의 기초로 삼으면 아이들에게 따로 스펠링 암기를 강요하지 않아도 된다.

내가 평소 진행하는 문장 쓰기 수업에서도 문장 하나당 평균 4~8개 정도의 단어가 포함돼 있다. 나는 I, You, He, She, We, They, It

등 자주 사용하는 주어를 제외하고 나머지 단어는 아이들이 사전을 찾아보면서 스펠링을 적게 한다. 하루에 쓰는 문장이 15개면 대략 60~120개 사이의 단어를 매일 찾아보고 쓰고 지우기를 반복한다는 뜻이다. 사전을 검색해서 썼음에도 불구하고 동사를 써야 하는 자리에 형용사를 썼거나, 자리에 맞지 않게 부사나 명사를 썼으면 수업하는 동안 그 차이가 무엇인지도 배울 수 있다. 영어 공부의 시작과 함께 문장의 구조와 단어의 스펠링을 익히는 공부를 동시에 진행하는 셈이다.

아이들의 공부에는 목적과 이유가 뚜렷해야 한다. 무조건 많이 한다고 해서 모두 자기 것으로 소화하고 활용하는 아이들은 많지 않다. 특히 초등학생 때 아이들은 스스로 공부 계획을 세우기가 어렵다. 앞으로 이어질 학업 과정에서 자신에게 요구될 사항이 무엇인지 모르기 때문이다.

그래서 초등 공부는 나중에 이어질 중고등학교 공부 계획에 맞추되, 급하게 진행하지 않는 것이 중요하다. 중고등학교 때를 대비해서 아이에게 요구하는 것이 무엇인지 파악하고 판단해주는 어른이 있으면, 아이들이 영어 공부를 시작할 때 시행착오를 덜 하고 고생도 그만큼 덜 할 수 있다.

중학교에 가면 자신만의 암기 스타일이 있어야 한다. 단어는 스펠링까지 외우는 것보다는 영어 단어의 뜻만 암기하는 것이 속도가 훨씬 빠르다. 초등학교에서 스펠링까지 암기해야 할 단어들은 가족 관계, 요일, 날짜, 기수, 서수, 날씨 등이다. 중고등학교에서는 수행평가를 진행할 때 영작을 하는데, 평가 기준의 포인트는 어려운 말을 길게 쓰는 게 아니라 기본 어순과 자리에 맞는 품사, 시제 표현을 정확하게 썼는지다. 평가 기준이 되는 몇 가지 조건을 미리 내주면 그 사항들을 영작에 모두 포함해야 한다. 추가 점수를 위해 몇 문장을 더 쓰는 것도 좋은 방법이다.

그 외에 중간고사나 기말고사 등 내신 시험에 필요한 단어들은 학교 선생님들이 프린트해서 미리 나눠 준다. 학교에서 받은 자료는 시험 대비용으로 반드시 스펠링까지 암기해야 한다. 아이들이 특히 어려워하는 것이 주관식 서술형 시험인데, 대부분 고난도 문제는 교과서의 주요 지문에서 출제한다. 특목중을 제외하고 수업 시간에 전혀 다루지 않았던 범위에서 주관식 서술형 시험을 내는 중학교는 드물다. 따라서 범위 내의 교과서 내용과 학교에서 받은 자료 위주로 공부하면 서술형 시험도 무난하게 풀 수 있다.

대부분 고등학교에서도 수행평가, 내신을 모두 중학교 때와 비슷한 방식으로 진행한다. 그리고 고등학교 진학 후에는 3, 6, 9월에 수능 대비 전국모의고사가 있다. 그 사이사이에 도·시·군별 모의고사를 추가해서 진행하는 학교도 있다. 보통 5월과 7월, 10월과 12월에 교내 중간고사와 기말고사가 있고, 5월이나 10월경 교내에 축제 등 행사가 진행된다. 물론 전 과목 수행평가도 진행한다. 수능이나 모의고사에서 스펠링을 묻는 시험은 없다. 내신에서만 시험 범위 내의 단어 스펠링을 신경 써서 외우면 된다.

그러니 초등학교에서 언제 사용할지도 모를 중고등학교 단어를 미리 스펠링까지 암기하는 것은 지나치게 앞선 학습 진도다. 아이가 일찍부터 공부에 지칠 우려가 있으므로 양을 조절하면서 지도해야 한다. 아이가 어린 나이라면 내용을 달달 암기하는 것이 힘들 테고 외웠다고 해도 자주 사용하지 않으면 얼마 후에는 모두 잊고 만다. 초등학생의 학습은 마치 유리공예품을 만들듯이 신중하고 조심스럽게 진행해야 한다. 열이 과하면 그릇이 완성되기도 전에 깨질 수 있다.

스펠링 암기에서 추천하는 방법은 저학년에 미리 문장력을 공부한 후에 4~5학년 때부터 많지 않은 양으로 시작해서 쌓아가는 것이다. 단어의 난도 역시 쉬워서 알 만한 내용과 조금 어려울 수도 있는 내용을 50 대 50 정도로 섞어서 진행하면 아이가 부담 없이 조금씩 외우는 습관을 들일 수 있다. 그 과정을 큰 탈 없이 지나온 5학년이라면 6학년에 올라가면서 뜻 위주의 암기로 바꿔주면서 어휘량을 크게 늘리면 된다.

또한 예비중이라고 해도 너무 급하게 생각할 것 없다. 중학교 공부에 필요한 내신 단어는 진학 후에 스펠링까지 암기해도 늦지 않다. 결국 초등 영어 학습에서 준비해야 할 것은 많은 어휘량보다 중학교에 가서 필요할 때 스스로 해낼 수 있는 아이의 의지, 마음이다.

다음 페이지의 표는 월, 요일, 날짜를 기억하기 쉽게 정리한 것이다. 책상 위에 붙여놓고 날짜를 기입하는 영어 쓰기를 매일 반복하다 보면 저절로 외워질 수 있으니 공부에 활용해보자.

⬛ 월(Month) 표

1월	2월	3월	4월	5월	6월
January	February	March	April	May	June
7월	8월	9월	10월	11월	12월
July	August	September	October	November	December

⬛ 요일(Day) 표

월요일	화요일	수요일	목요일	금요일	토요일	일요일
Monday	Tuesday	Wednesday	Thursday	Friday	Saturday	Sunday

⬛ 날짜(Date) 표

1일(1st)	2일(2nd)	3일(3rd)	4일(4th)	5일(5th)	6일(6th)	7일(7th)
First	Second	Third	Fourth	Fifth	Sixth	Seventh
8일(8th)	9일(9th)	10일(10th)	11일(11th)	12일(12th)	13일(13th)	14일(14th)
Eighth	Ninth	Tenth	Eleventh	Twelfth	Thirteenth	Fourteenth
15일(15th)	16일(16th)	17일(17th)	18일(18th)	19일(19th)	20일(20th)	21일(21th)
Fifteenth	Sixteenth	Seventeenth	Eighteenth	Nineteenth	Twentieth	Twenty – first
22일(22th)	23일(23th)	24일(24th)	25일(25th)	26일(26th)	27일(27th)	28일(28th)
Twenty – second	Twenty – third	Twenty – fourth	Twenty – fifth	Twenty – sixth	Twenty – seventh	Twenty – eighth
29일(29th)	30일(30th)	31일(31th)				
Twenty – ninth	Thirtieth	Thirty – first				

순서만 바꿔도 대입까지 해결되는 초등 영어 공부법

참고 자료

- 카페 자료실(단어 자료실)에서 월, 요일, 날짜를 출 력할 수 있는 한글/PDF 파일을 무료로 다운받을 수 있다(QR코드 참조).

- 단어 암기 시험에 활용할 난도별 단어 시험 종이와 정답도 다운받을 수 있다.

- 《중학영문법 3800제》 문법서에 포함된 수준별 단어 시험지와 정답 지도 다운받을 수 있다.

《중학영문법 3800제》 1학년

  - 초등학교 4학년 테스트에 적합(QR코드 참조)

《중학영문법 3800제》 2학년

  - 초등학교 5학년 테스트에 적합(QR코드 참조)

《중학영문법 3800제》 3학년

  - 초등학교 6학년 테스트에 적합(QR코드 참조)

3

초등 고학년부터 보면 좋은 추천 단어장

나는 학생들을 가르칠 때 거의 마더텅 출판사의 교재들을 쓰고 있다. 약간 고지식한 느낌의 교재지만 문법도, 단어도, 듣기도 공부해야 할 내용이 빠짐없이 들어 있다. 해마다 개정판이 나오기 때문에 최신 경향으로 꾸준히 업데이트되는 것도 큰 장점이다. 출판사 홈페이지에서 무료로 제공하는 학습 자료도 많아서 교재 외에도 다양한 자료를 이용할 수 있다.

추천하고 싶은 중등 단어 교재는 마더텅에서 출판한 《중학 영단어 9000》이다. 단어의 개수가 9,000개, 가격도 9,000원이다. 책은 크게 초급·중급·고급으로 나뉘어 있고 그 안에서 다시 세부 파트로 명사·대명사·동사·형용사·부사·전치사·접속사·감탄사로 나뉜다. 초급·중급·고급 단어가 대략 3,000개씩 있다.

등급을 구분해놓았다곤 하지만 중급이나 고급이라고 갑자기 단어의 난도가 크게 올라가지는 않는다. 모두 초등학생, 중학생이 볼 만한 단어들로 구성되어 있다. 눈으로만 쭉 훑어보면 초등 5~6학년 아이들이 "이 단어들, 너무 쉬운데!"라고 할 만하다. 하지만 막상 테스트를 진행해보면 생각했던 것보다 모르는 단어도 많고 중급과 고급으로 올라갈수록 점점 더 어려워한다.

아이들은 눈으로 본 적 있는 것을 '아는 것'이라고 착각한다. 가끔은 양육자도 교재를 슬쩍 훑어보고선 너무 쉬워서 아이가 '다 알 만한 것'이라고 생각하는 경우가 있다. 마더텅의 3800제 시리즈로 문법을 가르칠 때도 마찬가지인데, 그 찰나의 판단에서 비롯된 공부 방법 선택이 중등 이후의 성적을 결정한다고 생각한다. 안다거나 알 만하다고 생각하는 것을 정말로 알고 있는지 확실히 짚어줘야 하는 시기가 바로 초등 5~6학년이기 때문이다.

'지금껏 영어 공부를 얼마나 시켰는데 설마 이것도 모를 리가 없어!', '아, 이거! 나 전에 본 적 있어. 다 아는 거야. 너무 쉽잖아?!'라고 생각하지만 하나씩 확인하는 시험을 진행해 보면 모르는 내용이 대부분이다. 반 이상 틀리기도 한다. 그래도 아이들은 본 적 있는 것을 안다고 생각한다. 양육자는 아이가 이 정도는 당연히 알리라 생각하고 더 어려운 과정을 공부시킨다.

아이들 공부에 '당연함'이 적용되어선 안 된다. 5~6학년쯤 되면 세상의 모든 새로운 것을 폭포처럼 받아들이기도 하지만 묵혀둔 지식도 자꾸만 잊어버린다. 특히 학습에서는 그동안 공부해왔던 내용을 처음부터 하나씩 점검해서 부족한 부분을 모두 메꿔줘야 한다. 초등 5~6학년은 그렇게 하루하루를 아껴서 귀하게 써야 하는 시간이다. 그래야 그 후에 이어지는 6년의 공부가 탄탄해질 수 있다.

영어 공부 순서만큼 단어 공부도 순서가 중요하다. 초등 5~6학년 아이가 미리 고등 수능 영어에 나오는 단어를 외울 필요는 없다. 오히려 기초 단어 중에서 모르고 넘어간 것은 없었는지, 외웠지만 잊어버린 것은 없는지 먼저 점검해주는 것이 앞으로 이어질 학습에 훨씬 유용하다. 아이가 느끼기에도, 양육자가 보기에도 참 쉬워 보이는 단어들부터 차분히 점검하고 그다음으로 넘어가자.

아이들과 꾸준히 단어 학습을 진행해본 결과 《중학 영단어 9000》 교재의 가장 큰 장점은 동사 파트다. 초등학교 5~6학년이라면 모를 리가 없는 동사들인 go, come, fall, get, give를 예로 들어보자. 각 단어의 뜻을 가다, 오다, 떨어지다, 받다, 주다로 암기했을 것이다. 대부분은 영어 단어를 그렇게 일대일로 암기한다. 하지만 이 책에서는 단어를 다음과 같은 순서로 소개한다.

대부분의 초등 5~6학년이라면 각 동사의 뜻은 모를 리 없으나, 각각의 전치사와 함께 쓰이는 동사의 뜻을 모두 알고 있는 아이는 드물다. 만약 쉬운 책이라 생각해 건너뛰고 고등학생이 볼 만한 단어장을 보기 시작한다 해도, 어차피 숙어집을 다시 사서 암기해야 한다면 애초에 아이가 보기에도 쉽고 부담 없는 책을 선택해주는 것이 좋다.

- go, went, go ahead, go abroad, go after, go away, go for
- come, come down, come from, come true, come back, come home
- fall, fall asleep, fall behind, fall down, fall in love with, fall into, fall off
- get, get a victory, get information, get away, get up, get down, get back, get off, get on, get rid of, get to, get together
- give, give away, give back, give in, give-and-take, give up, give up on

공부할 때는 자신감도 중요하지만, 중학교에 가기 전에 생각보다 모르는 것이 많았음을 스스로 깨닫는 과정도 필요하다. 그래야 공부하는 태도가 겸손해진다. 자신이 모르는 게 많다는 걸 알아야 동기부여가 된다. 초등 5~6학년의 공부 자신감이 공부 자만감이 되지 않도록 신경 써주는 것도 선생님과 양육자의 몫이다. 자신감과 자만감은 아주 미묘한 차이지만 각각이 만들어내는 결과의 차이는 실로 어마어마하다.

초등학교 막바지에 기초 점검을 제대로 하지 못하고 중학교에 진학한 경우도 이 책으로 공부해볼 것을 추천한다. 공부는 난도를 떠나서 항상 내가 무엇을 모르는가에서부터 시작해야 한다. 모르는 것이 너무 많아서 무엇부터 시작해야 할지도 모르겠다면 가장 쉬운 것부터 시작하면 된다. 이 책에 있는 단어의 스펠링까지 다 외우지 않아도 되니 기초가 부족한 중학생이라면 우선 뜻만이라도 9,000개 단어를 모두 암기하자. 그 기초 단어들 위에 고등 과정 단어를 쌓아 올려야 한다.

중학생들은 고등학교에 진학한 후에도 자신의 영어 점수가 중학교 때와 비슷하리라고 생각한다. 하지만 수능 영어 단어는 중등 영어 단어와는 확연히 다르다. 중등 영어에 필요한 기초 단어도 제대로 모르는 상태에서 무거운 고등 단어를 쌓아 올리면 모의고사 지문을 해석하기가 쉽지 않을 것이다. 그러니 아직 고등학교에 진학하기 전이라면 늦었다고 생각하지 말고 반드시 기초 단어부터 점검하고 넘어가자. 단어장을 한 권도 처음부터 끝까지 외워보지 않은 학생이 단어장을 몇 권씩 볼 필요는 없다. 우선 한 권을 제대로 내 것으로 만들 각오로 반복해서 공부하는 것이 더 효율적이다.

중고등학생이 보면 좋은 고등 단어장

이번에도 다수의 학생을 지도하면서 유용하게 사용한 교재를 추천하고자 한다. 앞서 추천한 《중학 영단어 9000》을 마무리한 중고등학생이라면 이제는 수능 대비용 단어를 암기해야 한다. 단어 암기는 고등학교에 진학하고 나서도 하루도 빠짐없이 '꾸준히' 해야만 효과가 있다. 영어 등급이 어느 정도 안정되었다고 해서 단어 암기를 한두 달 소홀히 하면, 장담하건대 다음 모의고사에서는 반드시 등급이 떨어진다. 단어 암기는 고등학생이라면 수능 전날까지도 반드시 하루의 일과로 생각하고 빠짐없이 챙겨야 한다. 추천하는 중고등 단어장은 《고단끝》이다.

이 교재에는 휴대용 암기장이 있어 큰 책은 집에 두고 공부하고, 밖에서는 휴대용 암기장을 가지고 다니면서 공부할 수 있다. 수능에 나왔던 모든 단어가 매해 업데이트되어 단어장에 추가된다. 수록된 단어는 총 2만 개가량으로 수능 대비용으로 최적화된 단어장이다.

나는 학생들에게 여러 가지 문제집을 풀어보기 전에 먼저 하나를 제대로 끝내는 과정을 독려하는 편이다. 앞서 추천한 중등 단어장과 지금 소개하는 고등 단어장 두 권만 해도 온전히 내 것으로 만들기가 쉽지 않다. 문법 문제집도 마찬가지다. 처음부터 끝까지 누군가에게 설명해줄 수 있을 정도로 확실하게 공부한 게 아니라면 같은 문제집을 반복해서 다시 공부하는 걸 추천한다. 한 권의 내용을 어느 정도까지 내 것으로 만드는가가 관건이다.

성인 영어도 마찬가지라고 생각한다. 영어 공부가 필요한 대학생 이상의 나이에 영어 문법이 많이 헷갈리거나 잘 모르는 상태라면 《Grammar in Use》영문판 Basic/Intermediate 두 권을 두 번씩만 제대로 정독해서 풀어보자. 그 과정만 충실히 마쳐도 기초영문법을 누군가에게 설명해줄 수 있을 만큼 실력이 늘 것이다.

내가 추천한 《고단끝》 단어장은 따로 어플이 있어서 추가로 결제하면 책 내용을 어플로 공부하고, 단어 테스트까지 보는 것도 가능하다. 책을 보면서 발음기호와 발음. 뜻과 예문을 스스로 공부하는 게 가장 좋지만 혼자 단어를 학습하는 것이 힘든 학생이라면 어플의 도움을 받아보는 것도 추천한다.

책의 내용을 보면 단어의 뜻에 맞는 그림이 수록되어 있으며 발음 기호와 함께 읽기 힘든 학생들을 위한 한글 발음도 쓰여 있다. 고등 단어는 특히 발음과 단어의 뜻을 함께 익히는 것이 중요하니 한글로 쓰여 있는 단어의 발음까지 정확히 암기해야 한다. 또 각 단어에서 이어지는 파생어와 숙어까지 함께 외울 수 있도록 실려 있다. 예문은 평가원이나 수능 기출 지문 위주로 실려 있으니, 단어 뜻을 암기했다 면 그다음 단계로 예문을 공부해보면 도움이 될 것이다.

중고등학생이라고 해도 아직은 아이들이라 책의 페이지가 너무 빡빡하게 구성되어 있으면 공부할 때 더 힘들어하는 경향이 있다. 그런 면에서 페이지가 크게 구획으로 정리되어 있는 점도 장점이라 고 할 수 있다.

언어 학습이란 결국 꾸준함과의 싸움이다. 세상의 어떤 언어를 공부한다고 해도 단어를 암기하는 과정을 생략할 순 없다. 얼마나 빨리 상위 레벨에 도달했는지보다 쉽지만 헷갈리는 내용을 얼마나 확실하게 알고 있는지가 더 중요한 게 바로 언어 공부다. 유창한 발음은 문장 구조를 알고 일정량 이상의 단어를 익히고 난 후에도 교정할 수 있지만, 기초 문장의 어순을 제대로 구사할 수 없으면 좋은 발음도 무용지물이 된다.

단어 학습도 마찬가지다. 얼마나 많은 단어를 한꺼번에 암기하고 있는지가 중요한 게 아니라, 적은 양의 단어라도 얼마나 꾸준히 오랫동안 공부했는지가 훨씬 중요하다. 중고등학생이 되어 그런 내공을 갖추려면 무엇보다도 초등학교 때 과도한 영어 학습으로 일찍 지치지 말아야 한다. 진짜로 단어를 꾸준히 공부해야 할 시기는 바로 중고등학교 때라는 걸 기억하자.

인터넷 네이버 사전 활용법

한글로 된 문장을 읽고 시제를 파악해서 영어로 옮길 때, 아이들이 모르는 단어는 인터넷 사이트 네이버 사전을 열어 두고 찾아보면서 쓰도록 지도한다. 아이들이 직접 사전을 검색해서 단어를 쓴다고 하면 깜짝 놀라는 양육자가 가끔 있다. 단어는 반드시 외워서 쓸 수 있어야 한다고 생각했던 것 같다. 한번은 아이가 학원에서 다 못한 영작 숙제를 집에서 했는데, 인터넷으로 사전 검색을 한다고 아이를 혼낸 경우까지 있었다.

처음부터 아이가 영어의 모든 단어를 알고 있을 리 없다. 게다가 학원에서 출력해서 준 단어 리스트를 그저 외우기만 하는 것도 장기적으로 볼 때 공부에 도움이 되지 않는다. 예전에는 온라인 사전이 없어서 두꺼운 영어 사전을 펼쳐보며 공부했다. 하지만 지금은 다르다. 학원에서 주는 단어 리스트만 암기했던 아이들은 사전을 어떻게 활용하는지 전혀 알지 못한다. 무조건 단어의 뜻을 외우는 게

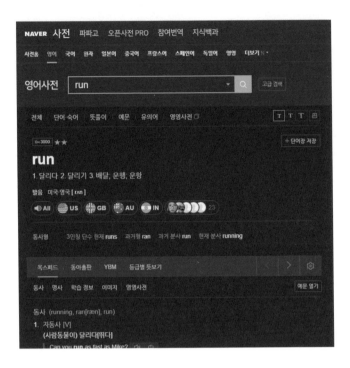

우선이 아니다. 초등학생 때 사전 활용 방법을 배워두면 훗날 영어 공부를 하는 데 훨씬 도움이 된다. 나와 함께 공부한 아이들은 네이버 사전에 나와 있는 모든 시제를 적재적소에 사용하는 방법을 알고 있다.

네이버 사전에서 어떤 동사든 한 개를 검색해서 지금 아이에게 물어보자. 3인칭 단수 현재와 과거형, 과거분사, 현재 분사를 언제 사용하는지 말이다.

위에서 예로 든 이미지를 살펴보자. 초등 3학년 이상의 학생이라면 대부분 알고 있는 단어 'run'을 검색한 결과가 나와 있다. 단어의 뜻뿐만 아니라 나라별 발음도 들어볼 수 있다. 종이 사전에는 없던 기능이니 이 또한 무척 편리하다. 게다가 예전에는 몇십만 원 가까이 주고 구입했던 전자사전에 비해 네이버 사전은 무료다. 그런데도 활용하지 말아야 할 이유가 있을까?

동사에서 중요한 것은 활용형이다. 동사에는 3단 변화, 즉 '현재-과거-과거분사'가 있다. 그 외에도 3인칭 단수 현재와 현재분사도 있다. 단어와 뜻을 일대일로 외우는 게 전부가 아닌 이유는 활용형 때문이다. 단지 'run'이라는 단어의 뜻을 아는 것이 아니라 동사를 문장에서 활용해서 쓸 수 있도록 공부해야 한다. 'run'이 '달리다'라는 뜻임을 모르는 아이는 없지만 '달리다/달렸다/달렸었다/달리는 중이다/달리는 중일 것이다' 등의 활용형을 시제에 맞춰 원활하게 사용할 수 있는 아이는 적다.

오랜 시간 많은 단어를 암기하고 원어민과 대화도 지속적으로 해왔으며 영어책 읽기 레벨도 높은 고학년 중에서도 막상 사전을 자유자재로 활용할 수 있는 학생은 보지 못했다. 그렇게 배워본 적이 없기 때문이다. 주어에 따라 현재시제에서는 '3인칭 단수 현재' 시제를 쓸 수 있어야 하고, 과거시제에서는 '과거형'을, 완료시제와 수동태에서는 '과거분사'를, 진행시제에서는 '현재분사'를 사용하는 법을 배워야 한다.

그런데 이런 한자어로 영어를 배우기에는 초등학생의 문해력은 그리 높지 않다. 그래서 우선은 한자어를 사용하기 전에 한글로 된 예문을 영어로 바꾸면서 사전을 활용하는 방법을 배우는 것이다. 즉 한글 문장의 어떤 표현을 어떤 시제와 함께 써야 하는지 아이가 문

장 쓰는 연습을 통해 스스로 깨우쳐야 한다. 문법 강의를 들으며 달달 암기하는 게 아니라 하나씩 사용해보면서 서서히 체득해가는 것이 중요하다.

사전 검색 사례를 한 가지 더 살펴보자. 이번에는 형용사 'pretty'를 검색한 결과다. 이 단어를 위 이미지처럼 네이버 사전에서 검색하면 형용사형을 명사형으로 썼을 때, 동사형의 동사 변화, 그리고 형용사형의 비교급과 최상급의 활용형까지 나온다. 형용사의 경우 비교급과 최상급을 필요할 때마다 검색해봐야 어떤 형용사는 비교급과 최상급이 없다는 사실을 알게 된다. 이렇게 직접 찾아봐야 확실히 알게 되고 선생님에게 질문도 한다.

"선생님, 이건 비교급이 없어요!"

"세 음절 이상의 긴 단어는 비교급이나 최상급이 없을 수 있어. 그럴 때는 형용사 앞에 'more'를 써야 비교급이 되고, 'the most'를 써야 최상급이 되는 거야."

그런 과정을 통해서 아이는 단어의 활용과 쓰임과 뜻을 더 깊이 알게 된다. 이렇게 좋은 사전이 있음에도 불구하고 대부분 학원은 아이가 스스로 사전을 활용해서 문장을 쓰도록 지도하지 않는다. 선생님이 품사를 나눠서 출력해주면 아이들은 거기에 적힌 것만 외울 뿐이다. 중고등학교에 가면 스스로 공부해야 하는데, 고기 낚는 법을 배우기보다는 주는 고기를 열심히 먹기만 하는 형국이다. 그러니 중학생이 되어 공부 독립이 힘든 것이다. 과정을 알아가는 공부, 습관을 만드는 공부는 초등학교 시절에 진행해야 한다. 그래야 공부가 재밌어진다. 제힘으로 해냈기 때문이다.

ELEMENTARY ENGLISH STUDY

PART
5

문장력의 꽃,
라이팅

영어 쓰기로 문장력을 쌓은 아이는 중학교 때부터 실력이 꽃피기 시작한다. 그래서 초
등 5~6학년을 기점으로 중학교 공부를 할 준비가 된 아이와 그렇지 않은 아이가 나뉜
다. 중학교 공부를 할 준비가 됐다는 것은 곧 고등학교 공부의 기초를 다질 준비가 됐다
는 말과도 같다. 결국 수능의 분기점은 초등 5~6학년에 정해지는 것이다.

초등 5~6학년이
수능의 분기점

대입의 결과를 주도하는 것은 결국 '자기주도학습'의 성패다. 아이가 초등학교 5~6학년에 학원이나 과외의 도움을 받고 있다면 양육자는 아이가 스스로 발전하는 교육 방식을 취하고 있는지, 아니면 누군가의 도움 없이는 공부할 수 없는 상태는 아닌지 한 번쯤 점검해봐야 한다. 혹시 지금 다니고 있는 학원에서 아주 많은 양의 학습을 강요하고 있지 않은지, 아이가 숙제와 시험에만 매여 있지는 않은지도 함께 살펴보자. 답을 가르쳐주지 않는 선에서 아이가 답을 찾아갈 수 있도록 지도하는 것, 선생님의 품이 더 들더라도 결국 아이가 답을 찾게끔 유도하는 것, 그것이 아이가 공부에 재미를 느끼고 스스로 발전하는 교육 방식이다.

그러면 영어에서의 자기주도학습은 무엇일까? 바로 영어 문장을 쓰고 말하는 것이다. 문장을 어순에 맞게 구성할 수 있어야 쓰기도, 말하기도 할 수 있다. 처음부터 말하기로 시작하면 본인이 문장에서 어느 부분을 틀렸는지 확인할 수 없으니 처음에는 쓰기로 시작하는 것이 좋다. 누군가가 영어로 하는 말을 듣고 어느 정도 알아듣는지, 영어책에 쓰인 글을 읽고 어느 정도 이해하는지를 넘어, 자신이 쓰고 싶은 말을 정확한 어순에 맞춰 필요할 때 쓰거나 말할 수 있는 것, 그것이 영어 자기주도학습의 핵심이다.

하지만 이제 막 초등학교에 입학한 1~2학년 아이들에게 영문으로 된 긴 글을 써오라는 숙제를 내주는 것은 이르다. 초등학생들에게 영어 쓰기는 숙제여서는 안 된다. 1~2학년은 한글로도 글쓰기가 힘들다. 그런 아이들에게 영어 쓰기를 숙제로 내주면 과연 그 숙제를 아이가 하는지, 파파고가 하는지, 양육자가 하는지 확인할 길이 없다. 아주 짧은 문장을 쓰더라도 아이 스스로 고민하고 생각해서 써야 한다. 그리고 아이가 문장력을 쌓아가는 기간에는 그 과정을 옆에서 꾸준히 지켜보면서 지도해야 한다.

영어 문장 쓰기를 배울 때 확실히 초등 1~2학년보다는 3~4학년이, 3~4학년보다는 5~6학년이 문장력이 빨리 형성된다. 이는 영어 학습에서 내공이 더 쌓인 이유도 있겠지만 국어 사용 능력이 향상된 이유도 크다. 그래서 나는 초등 1~2학년은 영어보다는 국어 학습을 먼저 시켜야 훗날 영어 실력이 느는 데 단단한 바탕이 된다고, 양육자들에게 자주 이야기하는 편이다.

중등 영어에서의 변별력은 결국 문장력에서 판가름 난다. 중학교 때는 지필평가보다 수행평가로 진행하는 라이팅이나 학교에서 한 번씩 진행하는 스피킹 대회 등에서 영어 실력 차이가 확실히 드러난다. 반드시 중학교에 들어가기 전에 문장력의 기초를 점검해줘야 하는 이유다. 꾸준히 문장력을 쌓으면서 공부한 아이는 중학교 때부터 실력이 꽃피기 시작한다. 그래서 5~6학년을 기점으로 중등 공부를 할 준비가 된 아이와 그렇지 않은 아이를 구분할 수 있게 된다. 중학교 공부를 할 준비가 됐다는 것은 고등학교 공부의 기초를 다질 준비가 됐다는 말과도 같다.

나는 아이들을 가르치고 있지만 거꾸로 아이들의 눈에 비치는 세상에 대해 아이들로부터 배우기도 한다. 그래서 우리 때와는 너무 다른 시스템 속에서 힘들 아이들을 위해 고등학교까지 공부 시간을 최대한 효율적으로 쓸 수 있게 도와주려 애쓴다. 숙제와 학원에 치이는 마음을 이해하려고 아이들을 깊이 관찰한다. 그래서 아이들과 일상에 대해 이런저런 얘기도 많이 한다.

나는 숙제를 많이 내주지 않는 것만으로도 이미 아이들에게 신뢰가 높다. 안 그래도 숙제 때문에 힘든데 선생님이 자신의 마음을 이해해준다고 생각하기 때문이다. 그래서 학원에 오면 다들 재잘재잘 잘 떠든다. 친구 얘기, 학원 얘기, 숙제 얘기…. 아이들이 보기에 마음을 열어도 되는 어른이라고 생각되면, 훗날 한 번씩 찾아오는 위기의 순간에 집에서도 말하지 못했던 얘기를 꺼내기도 한다.

나는 학원에 오는 아이들의 쓰기 습관도 유심히 지켜본다. 매일 많은 문장을 쓰는 연습을 하기 때문에 비교적 쉽게 파악할 수 있다. 연필로 노트에 글씨를 쓰다가 틀리면 지우개로 지우고 다시 쓴다든지, 글자 위에 줄을 쭉 긋고 옆에 쓴다든지, 연필로 안 보이게 칠

하고 그 위에 다시 쓰거나 하는 습관들 말이다. 아이들 가운데는 고학년이 되면서 시키지 않아도 글자를 바르게 쓰기 시작하는 아이도 있고, 처음부터 작은 글자 하나도 지우개로 깨끗하게 지운 뒤 다시 쓰는 아이도 있다.

글씨를 쓰는 것을 지켜보면 많은 얘기를 해보기 전에 그 아이의 성격을 짐작할 수 있다. 연필로 쓰는 글자의 크기로 외향성과 내향성을, 글자 모양의 일관성으로 차분함을, 지우개를 사용하는 습관으로 꼼꼼함의 정도를 알 수 있다. 이처럼 학생들의 성격이 고스란히 드러나는 행동 패턴을 나는 굳이 고치려 하지 않고 한동안 관찰하며 지켜본다.

대신 엎드려서 글씨를 쓰거나 등을 구부정하게 하고 앉아 있는 자세는 반드시 바로잡아 준다. 오래 함께 공부한 아이들은 자세 얘기를 많이 들어 그런지 앉는 자세가 바른 편인데, 새로 오는 아이들은 벌써 등이 둥그렇게 구부러지거나 조금만 눈을 돌려도 엎드리려고 하는 경우가 꽤 많다. 눈에도, 척추에도 너무나 안 좋은 습관이다. 이렇게 선생님이 지켜보는 가운데 영어 문장 쓰기 연습을 하다 보면 아이들은 비단 영어 학습에서만 아니라 자신도 모르는 사이에 공부하는 태도와 자세로 자기표현을 하기도 한다.

초등학교 5~6학년은 급한 마음에 바로 중등 심화 학습을 시작하기보다는 전 과목의 기초를 꼼꼼하게 점검하는 시간을 먼저 가져야 한다. 특히 국어, 영어, 수학, 사회, 과학 등 주요 과목들이 기초에서 흔들리고 있는 것은 아닌지 정확히 점검해봐야 한다. 이 2년이 앞으로 새롭게 펼쳐질 중고등학교 생활과 수능까지도 결정하는 분기점이 될 수 있기 때문이다. 또한 초등학교 5~6학년에는 더 큰 세상으로 나갈 마음의 준비도 해야 한다. 자신이 왜 공부를 제대로 시작해야 하는지 납득하는 과정도 필요하다. 공부할 마음이 준비되지 않은 채 떠밀리듯 중학생이 되고 고등학생이 된 아이는 나중에 성적에서 무너진다.

매일 조금씩 반복 쓰기, 라이팅의 시작

영어 학습에서 5~6학년은 다시 한번 꼼꼼한 기초 점검이 필요한 시기다. 대한민국에서 중학교와 고등학교를 거쳐 대입까지 도달해야 하는 학생이라면, 어려운 문법 내용을 배우거나 원서로 된 소설을 읽기에 앞서 그때까지 해왔던 영어 공부에 혹시 뚫린 구멍이 있는지 확인하는 보수 작업부터 먼저 진행해야 한다. 전치사, 불규칙형용사, 불규칙동사는 완벽히 암기했는지, be 동사와 일반동사를 구분해서 쓰는지, 시제와 조동사를 구분해서 쓸 수 있는지 등이 기초 점검에 포함된다.

앞서도 이야기했듯이 아이들이 기초 시제부터 문장 쓰기를 시작해서 시제 변화를 원활하게 활용하려면 애초에 초등학교 3학년부터 영어 어순 공부를 시작하는 것이 좋다. 그래야 숙제나 단어 시험 없이 영어를 재미있게 자기 힘으로 천천히 늘려나갈 수 있다. 하지만 이미 고학년이 되었어도 시간만 잘 활용하면 중학교에 입학하기 전에 기초를 탄탄하게 만드는 것은 어렵지 않다. 5학년이 되었다면 늦더라도 꼭 영어 문장 쓰기를 위주로 영어 공부를 재구성해주자.

고학년에 영어 문장 쓰기의 기초가 부족하다면 매일 반복해서 쓰기를 추천한다. 시제를 구분해서 10~20개 정도의 문장을 매일 써보는 것이다. 길지 않아도 된다. 오늘 현재시제로만 썼다면 내일은 과거시제로만 쓰고, 그렇게 '현재-과거'를 네 번 정도 반복했다면 5일째에는 현재와 과거를 섞어서 써본다. 문장은 쉬운 것부터 시작한다. 이 책의 뒤에 실린 워크북을 활용해서 공부 방법을 익혀보자.

문장 연습을 하다가 단어 스펠링을 모른다면 네이버 사전에서 아이가 스스로 검색하도록 해야 한다. 문장을 아이가 직접 써서 완성하는 것이 중요하다. 어순이 틀려도, 잘 모르겠어도, 틀린 문장일지라도 반드시 제 손으로 적게 하자. 그 후에 왜 틀렸는지를 함께 공부하면 된다.

문장은 짧고 간단한 문장으로 시작해서 전치사와 함께 문장을 늘려가면서 어순을 익힐 수 있도록 해준다. 이런 식으로 조동사와 기초 시제를 오가며 연습해도 아이들이 어느 정도 어순에 익숙해지고 문장이 자유로워지는데는 보통 6개월 정도가 소요된다. 하지만 꾸준하게 반복해서 쓰기를 진행한다면 기초 시제를 파악하는 건 3개월 만에도 가능할 것이다. 그런 뒤에는 짧은 글쓰기를 해본다.

저학년 학생이나 문장 쓰기를 처음 공부해보는 학생이 영작을 시작했다면 우선 한글로 짧은 문장을 쓰게 하자. 정확히 하고 싶은 말을 한글로 써보면서 그 문장이 현재인지 과거인지를 한글 문장에서 먼저 파악할 수 있어야 영어 문장 내에서도 시제를 골라서 사용할 수 있다. 국어에서 글쓰기를 잘하지 못하는 학생들은 두서없이 한 문장 안에 이 말 저 말을 붙인다. 그러므로 한글로 쓴 문장을 영어로 바꾸기 쉽게 우선 한글 문장을 한 번 정리해주고 영작하게 해줘야 아이가 쉽게 영어 문장을 만들 수 있다.

혹시 아이가 한글로 쓴 문장에 행위의 주체가 되는 '주어'가 없다면, 반드시 행위의 주체를 물어보고 문장에 주어를 포함시켜야 한다. 그래야 영어 문장 쓰기가 편리하다. 혹시 행위의 주체가 사람이 아닐 경우 또는 주어가 없는 경우는 비인칭 주어 'It'이나 'There'를 쓰기도 한다는 걸 알려주자. 그리고 영어 문장에서는 사물을 행위의 주체로 두기도 하는데, 주체로 행동하지 않고 행동의 객체가 되는 경우가 바로 '수동태'다. 이렇듯 영어는 반드시 주어 자리에 사람이든, 동물이든, 사물이든, 하다못해 비인칭 주어라도 있어야 한다.

아이들이 문장 쓰기를 시작한다고 해서 한 번에 모두 익힐 순 없다. 영어 쓰기를 학습할 때는 절대로 서두르지 않는 것이 중요하다. 6개월 이상 학습하고도 크게 실력이 늘지 않을 때는 한글 문장을 함께 읽어보면서 현재와 과거를 정확히 파악하는지 다시 확인해봐야 한다. 그래도 5학년 이상은 언어 감각이 발달해서 확실히 저학년보다는 복습 횟수가 적어도 이해가 빠른 편이다. 하지만 저학년은 1년 정도는 연습해야 한다. 무엇보다도 영어 공부는 꾸준함이 생명이다. 한 주에 3회 이상 시간을 정해두고 반복적으로 학습하면서 6개월 이상 지속해야 비로소 성과가 보이기 시작할 것이다.

AI의 등장,
챗GPT & DeepL

2022년 말 챗GPT가 세상에 출현했다. 불현듯 영어 공부를 도와줄 컴퓨터 속 원어민 강사가 나타난 것이다. 처음 등장했을 때만 해도 대화까지 가능하진 않았는데, 6개월도 채 되지 않아 대화까지 가능해졌다. 이 정도의 발전 속도라면 앞으로는 상상할 수 없는 속도로 발전할 것이다. 빠른 속도로 발전하고 있는 AI에 대해 전문가들의 우려가 큰 것도 사실이다. 나는 새로운 기술에 대한 호기심이 많은 편이라 챗GPT와 대화가 가능해졌다는 말을 듣고 바로 사용해봤다. 익숙해진 후에는 함께 공부하는 아이들에게도 모두 AI와 영어로 대화할 수 있도록 수업 시간에도 활용해봤다.

챗GPT는 무료로 사용할 수 있게 오픈되어 있으니 아직 사용해보지 않았다면 스피킹 실력을 확인하고 보완하기 위해서라도 활용해보기를 추천한다. 아직 영어 실력이 외국인과 직접 대화하기 힘들 정도라면 책에 있는 영어 문장을 읽고 챗GPT가 무엇이라고 받아 적는지 확인해보는 방법으로 발음 연습을 할 수도 있다. 한글로 입력해도 많은 정보를 주지만 확실히 영어로 입력할 때보다는 정보의 피드백 양이 적다.

챗GPT와는 글로도, 말로도 모두 대화가 가능하니 편한 방식으로 골라서 사용하면 된다. 영어 공부를 할 때 챗GPT에게 알맞은 상황 설정을 해주면 그 상황에 맞는 대화문을 작성해주기도 한다. 그렇게 챗GPT가 직접 만들어준 대화문으로 함께 대화 연습을 할 수도 있다.

수업 시간에 아이들과 함께 챗GPT를 활용해본 결과, 화상 영어나 전화 영어였다면 눈치를 보고 머뭇거리며 제대로 말하지 않았을 아이들도 기계와는 부담 없이 편하게 대화했다. 요즘 아이들 세대가 기계에 느끼는 친숙함은 이전 세대와는 확실히 다르다. 아이들은 윗세대보다 기계에 대한 적응력이 빠르다. 이미 AI가 급속도로 발전하고 있으니 아이들의 미래를 위해서라도 영어 공부와 함께 AI를 활용하는 방법까지 배우게 하자.

처음 챗GPT를 써봤을 때 나는 베개로 써도 됐을 만큼 두꺼워 일명 '벽돌책'으로 불렸던 동아출판사의 영어사전을 사용하다가 전자사전을 처음 접했을 때의 그 황홀함이 떠올랐다. 태어났을 때부터 기계와 함께 자란 요즘 아이들은 모를 만한 격세지감이다. 기술 발전의 가속도는 지금보다 훨씬 빨라질 것이고, 아이들은 더 발전된 기술과 함께 살아갈 것이다.

컴퓨터가 처음 출현했을 때 수기를 고집했던 사람들을 떠올려보면 왜 지금 시작되는 발전의 흐름에 합류해야 하는지 수긍할 것이다. 하루가 다르게 기술이 발전하는 세상이니, 어른들이 나서서 새롭고 편리한 기술을 먼저 익히는 건 어떨까? 지도하는 입장에서 기술을 배척한다면 아이들을 대신해 어느 정도 선까지 사용해도 좋을지 판단해주는 일조차 불가능해진다. 어디까지가 아이들에게 '무분별'한 사용인지 판단하려면 우선 판단의 기준을 정할 수 있도록 선생님이나 양육자가 먼저 사용법을 알고 있어야 한다.

공중전화와 삐삐, PCS폰을 지나 2G, 3G 스마트폰 그리고 현재에 이르기까지, 생각해보면 낯설지만 꽤 흥미로운 과정이었다. 그리고 그 모든 여정을 지나 이제는 화성 이주까지 꿈꿀 수 있는 시대가 되었다. 앞으로는 지금껏 봐왔던 그 어떤 발전보다도 훨씬 빠른 속도로, 우리가 상상하는 모든 것이 눈 앞에 펼쳐질 것이다. 그 흐름을 즐길 수 있다면 앞으로 우리가 살았던 대한민국과는 전혀 다른 나라에서 자라날 아이들과의 소통도 원활할 것이다.

챗GPT와 대화해보고 싶다면 구글에 'talk-to-ChatGPT'를 검색하면 된다. 처음 만난 챗GPT와 무슨 말을 해야 할지 모르겠다면 영어를 알파벳부터 가르쳐달라고 말해보자. 그 말도 하기 어렵다면? 그럴 땐 DeepL을 추천한다.

네이버 파파고, 구글 번역 등 많은 사전과 번역기를 사용해본 결과, DeepL은 지금껏 써왔던 어떤 프로세스보다도 문장 번역이 정확하다. 한글에서 영어로도 번역이 원활하니 초등학생들이 공부하는 수준의 한글 문장은 완벽하게 해석해준다. 어플로도 사용 가능해서 핸드폰 어플로 설치해두고 사용하면 유용할 것이다.

미래학자나 AI의 발전을 염려하는 이들이 듣는다면 혀를 끌끌 찰수도 있겠지만, 나는 삶을 유용하게 만들어주는 각종 기계를 적극적으로 활용하는 편이다. 요리하는 기계도 가정용으로 보급된다면 제일 먼저 구매하는 사람이 되지 않을까 싶다. 그런 의미에서 챗GPT와 DeepL, 이 두 가지는 내가 지금껏 만났던 그 어떤 인공지능보다도 혁신적이며 반드시 사용하지 않으면 안 될 프로그램이라고 생각한다.

다만 DeepL 번역기를 사용하고자 한다면 중학교 2학년 이상의 학생만 문장력을 이미 완성한 상태에서 사용하기를 권장한다. 문장을 만드는 힘을 학습하지 못한 상태에서 쉽고 편리한 기능을 먼저 알아버리면 공부의 목적이 사라질 수도 있기 때문이다. 실제로 나는 수업하는 학생들에게는 DeepL에 대해 알려준 적이 없다. 집에서 사용하더라도 초등학생에게는 사용을 제한하고, 첨삭용으로만 양육자가 대신 사용할 것을 추천한다.

　　중고등학생의 경우 학교에서 수행평가를 할 때 선생님이 내주신 주제를 가지고 며칠간 영작을 해보는 경우가 많다. 그렇게 며칠이 지나고 아이들이 영작한 내용을 분량에 맞게 써서 내면, 선생님이 첨삭과 평가를 동시에 진행한다. 만약 DeepL과 같은 우수한 번역기가 앞으로 널리 쓰인다면, 학교에서도 수행평가를 실시간으로 진행하는 방법으로 바꾸지 않을까 생각한다. 파파고나 구글 번역의 경우 한글 번역이 매끄럽지 못했던 부분이 많았는데, DeepL의 경우 번역기를 사용한 티가 거의 나지 않을 만큼 번역 실력이 우수한 편이기 때문이다.

　　양육자라면 DeepL을 이용해 책에 포함된 워크북의 '확장판'을 만들어 이용해봐도 좋을 것이다. 기본 문장 구조는 그대로 두고 주어나 동사 자리의 단어만 변형하면서 전치사구를 곁들여주면 다음과 같이 전혀 다른 문장이 만들어진다.

나는 물이야. → 나는 언제나 사람들의 주위에 있는 물이야.

I am water. → I am the water that is always around people.

이처럼 DeepL을 활용한다면 기초 시제 50개 내에서 변형 문장을 얼마든지 제약 없이 만들 수 있다. 위의 예문처럼 '주어 + 동사' 문장의 큰 틀은 남겨두고 수식어를 길게 변형한 뒤 DeepL을 사용해서 정확한 영어 문장을 확인하면 된다. 책 뒤에 실린 워크북을 폭넓게 사용할 수 있는 방법이니 참고해서 활용하도록 하자.

내가 쓴 글로 해보는
스피킹 & 발음 연습

아이들과 챗GPT로 발음 연습을 하다 보면 재미있는 상황이 자주 연출된다. 아이들은 왜 컴퓨터가 자기 말을 다르게 알아듣고 화면에 적는 거냐며 답답해한다. 외국 생활을 하면서 언어가 빨리 느는 이유는 바로 이 같은 답답함이 크기 때문이다. 떠오를 듯 떠오르지 않는 표현과 단어들이 대화할 때마다 생기는 것이다. 그 아쉬웠던 대화를 뒤로하고 돌아와 사전이나 책을 뒤져보면 '아! 이거였지…' 하고 한숨만 나온다. 한 가지 다행인 것은 대화에는 아쉬움이 남았을지언정 그런 표현은 쉽게 잊히지 않는다는 점이다. 그래서 외국에서 살면 고구마를 먹은 것처럼 말을 못 했던 답답함이 쌓이고 쌓여 언어가 쑥쑥 성장한다.

아이들과 문장을 쓰는 공부를 할 때도 나는 아이들 스스로 생각하도록 유도하기 위해 바로 단어를 알려주지 않는다. 단어를 굳이 사전에서 검색하기 귀찮은 아이들은 어떻게 해서든 스스로 생각해내려고 애쓴다. 그래도 끝내 생각이 나지 않으면 사전을 검색하고 "아! 이거 아는 건데!" 하고 아쉬워한다. 문장을 쓸 때도 마찬가지고 챗GPT로 발음 연습을 할 때도 그렇다. 공부가 느는 비결은 공부할 때마다 스스로 답답함을 느끼는 데 있다. 답답함이 쌓이면 나중에 그것이 공부에 대한 욕구로 바뀐다.

아이들이 챗GPT로 연습을 할 때 보면 같은 문장을 여러 번 말해도 챗GPT가 다르게 알아듣는 경우가 많다. 아이들의 발음이 정확하지 않기 때문이다. 챗GPT가 말한 것과는 다른 문장을 화면에 적어놓으면, 그때는 사전을 열어 AI가 잘 알아듣지 못했던 단어의 발음을 확인하고 다시 연습하도록 지도한다. 네이버 사전에서는 발음을 여러 가지로 들어볼 수 있어서 유용하다. 아이들은 해당 단어를 여러 번 들어보면서 스스로 말해보고, 혀의 사용법을 잘 모르는 경우 입안에서 혀 위치를 어떻게 하면 되는지까지 배운다.

그렇게 문장 내 단어들의 발음을 하나하나 연습한 뒤에 다시 시도하다 보면 결국 챗GPT도 알아듣는다. 그 순간 아이들은 이제 원어민과의 대화도 어렵지 않다는 얼굴이 되어 의기양양해진다. 나는 수업 시간에 아이들에게 무엇을 외우든 나중에 까먹어도 또다시 외우는 과정을 거치면 된다고 자주 말해준다. 내일이 되면 오늘 배운 발음법을 잊어도 괜찮다. 잊어버릴 때쯤 다시 외우는 과정을 반복하며 결국 내 것으로 만드는 것이 진짜 공부이기 때문이다. 한 번에 모든 것을 다 기억할 수 있는 아이라면 굳이 평범한 초등학교에 다닐 이유도 없다.

스피킹 연습을 할 때는 학생이 스스로 만든 문장으로 하는 것이 좋다. 자기가 만든 문장일 때 아이들은 더 소통하고 싶어 한다. 지금 껏 앉아서 스스로 만들어낸 문장이라서 더 애착이 있는 것이다. 그래서 AI가 알아듣지 못하면 배로 아쉬워한다. 챗GPT에 영문을 읽어주고 무엇이라고 받아 적는지 확인하는 과정을 진행할 때 그냥 영어책을 주고 해보라고 했다면, 아이들이 그렇게까지 아쉬워하며 다시 하겠다고 말하지는 않았을 것이다.

발음도 처음에는 문장 내 단어별 발음을 하나씩 따로 들으면서 익히는 것으로 시작한다. 단어 내에서 강세를 어디에 주어야 하는지 점을 찍어서 표시하라고 하면 도움이 된다. 단어나 구문 말하기가 조금 익숙해지면 문장에서도 강세를 어디에 주면 좋을지, 억양을 선으로 연결하면서 문장의 악센트 높낮이를 알게끔 지도한다.

결국 문장을 만드는 것부터 그 안의 단어를 찾아보는 것도, 스스로 만든 문장으로 소통하는 것도, 소통이 제대로 되지 않을 때 해결하는 것도 아이가 직접 해봐야 한다. 나는 처음부터 목마를 새도 없이 모든 것을 대신 해주지는 않는다. 시행착오를 반복하는 아이들을 지켜보다가 답답해하면 도와줄 뿐이다. 혼자 해보다가 답답해할 때 다른 방법을 제시해주거나 발음이 쉽지 않을 때 입안에서 혀의 위치를 정확히 알려주는 것처럼, 필요할 때 꼭 필요한 해답을 주면 아이들은 그때부터 모든 것을 흡수해서 금방 제 것으로 만든다.

그러니 아이들이 무엇이 필요하다고 느낄 새도 없이 양육자가 미리 주는 행위를 반복하지 말자. 스스로 불편함을 느끼고 필요하다고 느꼈을 때 주어야 고마움과 소중함을 안다. 아이가 도움이 필요한 순간을 기다려주는 인내가 필요하다. 그리고 약간의 도움만으로도 아이 스스로 무언가를 성취해내면, 그때는 호들갑을 떨며 아낌없이 칭찬해주자. 초등학생은 고래만큼 칭찬을 먹고 자라난다. 그래야 아이가 스스로의 힘을 느끼며 재미있게 공부할 수 있다.

성인들도 직장에서 돈을 많이 주는 것도 중요하지만 일에서 성취감을 느끼지 못하면 금세 싫증을 느끼는 것처럼 아이들도 마찬가지다. 공부를 잘하는 것도 중요하지만 스스로 공부하는 과정에서 조금씩 쌓아가는 성취감을 무시해서는 안 된다. 그런 성취감이 쌓여 훗날 중고등학교 공부의 자양분이 되기 때문이다.

ELEMENTARY ENGLISH STUDY

PART
6

문장력의 완성,
문법

초등학교 그리고 중학교까지는 아이들이 문법 수업을 듣고 이해한 후에 <u>스스로</u> 설명해
서 말할 수 있을 정도로 공부했는지 자주 확인해야 한다. 물론 아주 수고스럽고 시간과
정성이 많이 드는 일이다. 하지만 이 시기에는 아이가 반드시 그런 과정을 거칠 수 있게
끔 학습하는 방식을 습관화해야 한다. 그래야 제대로 된 공부 과정을 배우고 나중에 필
요한 시기에 <u>스스로</u> 확인하며 공부하는 자기주도학습의 습관을 함양할 수 있다.

문장을 이해하는 아이는 문법을 어려워하지 않는다

빠르면 초등학교 3학년, 늦어도 5학년부터는 무엇보다도 '문장력'을 우선으로 하는 공부를 하고 있어야 한다. 그래야 중고등학교 공부로 이어지는 과정에서 속도가 빨라진다. 영어에서 문장력을 먼저 갖춰야 하는 이유는 아이가 고학년부터 본격적으로 단어 암기를 시작할 때 힘들어하지 않고 스스로 사전을 활용하는 등 대입까지 이어지는 영어 공부의 긴 레이스에 여러 가지 이점을 만들어주기 때문이다.

가장 큰 이점은 고학년에 시작하는 문법 공부에서 그 진가가 발휘된다는 것이다. 문장력을 쌓으며 이미 문법을 조금씩 체득했던 아이는 5~6학년에 시작하는 중등 문법 공부가 낯설지 않다. 그래서 한자로 된 영어 문법 용어를 새롭게 익히는 부분만 이해하고 나면, 문법에 대한 이해도가 문장력이 완성되지 않은 아이들에 비해 몇 배씩 높은 편이다.

중등 내신 대비 학원에는 보통 5~6학년 학생들이 많이 다닌다. 어려서부터 영어 공부를 많이 해왔던 학생들이 상대적으로 더 많이 다니는 편이다. 대부분의 중등 내신 대비 학원에서는 초등학교 시절 동안 해온 영어 공부와는 다른 입시 단어 위주의 암기를 진행하고, 중등 내신에 대비한 문법을 배우거나 상급반에서는 고등학교 모의고사를 풀기도 한다.

초등학교 5학년이 풀기에 고등학교 모의고사 지문은 당연히 한글로 해석해놓은 것조차도 이해하기 어렵고 버거울 것이다. 실제로 예전에 가르쳤던 고등학생들도 초중등 시절에 문해력을 갖추지 못해 영어 지문의 한글 해석을 보고도 글의 요약과 주제 찾기를 하지 못하는 경우가 많았다. 하물며 영어도, 국어도 기초가 제대로 잡히지 않은 초등학생이라면 수준에 맞지 않는 어려운 공부를 갑자기 시작하게 되는 셈이다. 그래서 기초가 정비되지 않은 채 이런 커리큘럼으로 운영되는 학원에 간다면 이때부터 아이는 공부가 너무 어려워서 하기 싫다고 생각할 수 있다.

5~6학년도 문법을 처음 공부한다면 차근차근 입문부터 시작해야 한다. 예를 들어 '아침밥을 먹는 것은 쉽다'라는 문장을 'Eating breakfast is easy'라고 써보는 영어 문장 쓰기 공부를 미리 진행했던 아이들은 '~하는 것'이라는 표현을 '~ing'를 사용해 동사를 변형해서 쓰는 것에 익숙하다. '먹다'라는 뜻의 동사 'eat'에 '~ing'를 붙여서 사용하면 '먹는 것'이라는 뜻으로 사용할 수 있다. 한국말에서도 '먹다는 쉽다'라고 쓰지 않고 '먹는 것은 쉽다'라고 고쳐 쓰듯이,

영어도 마찬가지인 것이다. 그래서 이런 문장을 미리 연습했던 아이들에게는 동사에 '~ing'를 붙인 형태를 '동명사'라고 부른다고 문법 수업에서 알려주기만 하면 된다. 이미 다 알고 있는 문법에 이른바 '이름 붙이기' 과정을 진행하는 것이다.

하지만 문장력을 갖추지 않은 아이의 경우 '동명사'라는 낯선 문법 용어로 영문법을 암기하게 된다. 수업 시간에 설명은 듣겠지만 활용해본 적은 많지 않아서 언제 사용하는지 설명해도 쉽게 와닿지 않는다. 그렇게 이해 없이 암기만 한 공부는 깊이가 없어 금방 잊어버리기 마련이다.

위의 동명사 문장과 똑같이 해석할 수 있는 'To eat breakfast is easy'라는 문장도 부정사를 왜 부정사라고 부르는지부터 하나씩 이해하는 과정이 필요하다. 그 후에 부정사는 여러 가지 품사로 쓰이고, 이 문장에서는 주어 자리에 위치하므로 명사가 되는 것이라는 내용까지 숙지해야 한다. 그런데 만약 그 상황에서 명사가 무엇인지, 품사가 무엇인지, 주어 자리가 무엇인지 모른다면 아이는 미로를 헤매기 시작한다.

문장력을 쌓은 후에 문법을 배우는 것은 마치 집을 다 지어놓고 나중에 설계가 왜 이렇게 되었는지 이해시키는 것과 같다. 완성된 집을 보고 설계도를 보는 것과 마찬가지니 당연히 문장력이 있는 아이가 이해하는 속도가 빠를 수밖에 없다. 나는 평소 5학년 이하의 학생들을 대상으로 수업을 진행할 때는 주어, 동사, 명사, 형용사 등의 문법 용어를 전혀 사용하지 않는다. 대신 꾸준히 한글 문장을 영어로 바꾸는 연습을 통해 문장력을 먼저 체득시킨다. 그리고 5학년 이상이 되어 그때쯤 중등 대비로 문법 기초 용어를 배워야 한다고 판단되면, 문법 기초 수업에서 따로 알려준다.

'영어↔한국어' 사이의 변용도 아직 익숙하지 않은 아이들에게 '영어↔한자↔한국어' 변용을 가르치면 더 복잡하고 어려워져서 금방 공부에 흥미를 잃는다. 나도 어릴 적 영어를 그렇게 배우기 시작해서 처음에는 영어 공부를 싫어했던 기억이 있다. 그래서 아직 5학년도 채 되지 않은 초등학생들에게 한자 용어로 된 문법서를 풀라고 하는 것은 추천하지 않는다. 재미가 없고 어려워서 흥미를 잃을 수도 있기 때문이다.

물론 어린아이들이 공부가 재미있다고 생각하는 일은 드물다. 하지만 '너무 재미없고 하기 싫은 마음을 견디는 것=공부'라는 인식이 초등학교 때 생겨버리면, 중학교에 진학한 후에는 아예 공부를 하지 않으려고 든다. 그때부터가 진짜 공부를 시작해야 하는 시기임에도 불구하고 말이다.

초등학교 5학년 때까지 즐겁게 지내다가 이제부터 공부하겠다고 하는 아이와 초등 5~6학년까지 힘든 숙제를 하며 버티고 버티다가 도저히 더는 못 하겠다고 하는 아이, 둘 중 어떤 아이가 대입의 결과가 더 좋을까? 중학생이 공부하기 싫다고 하는 것은 사춘기여서라기보다 이미 공부에 질려서일 확률이 더 높다. 대입에 성공하려면 장거리 마라톤을 하듯이 어린 시절에 페이스를 조절하는 것이 무엇보다 중요하다.

그러니 아이들이 처음부터 낯선 한자어로 영어를 접하는 게 아닌, 생활 속에서 쓰는 익숙한 말들을 영어로 바꾸면서 영어에 친숙해지는 시간을 갖게 해줘야 한다. 문법을 알려주기 전에 문장력을 먼저 쌓게 해주자. 아직 고학년이 되지 않은 초등학생에게 한자로 영어 문법을 설명하는 것은 이제 막 국어를 배우기 시작하는 초등 저학년 아이에게 한자로 국어 문법을 설명하는 것과 같다.

사실 아이들이 이미 다 문장을 쓸 줄 안다면 영어 문법 용어도 굳이 가르칠 필요가 없다고 생각한다. 하지만 중학교와 고등학교에 진학하면 학교 선생님이 수업 시간에 한자로 된 문법 용어들을 사용하기 때문에 중학교에 진학하기 전에는 모두 알려주는 게 좋다. 하지만 영어를 배울 때 어려운 한자 문법 용어가 꼭 필요하다고 생각하지는 않는다.

2

기초 문법 점검을 위한 필수 문제집

나는 문장력을 꾸준히 쌓아온 초등학교 5학년을 대상으로 기초 문법 수업을 진행한다. 6학년은 중학 영문법을 시작해야 할 시기이기 때문에 5학년에 마지막으로 기초 사항에 대한 점검을 반드시 해줘야 한다. 기초 문법 수업 과정에서는 주로 용어를 배우는 것으로 수업을 구성한다. to 부정사, 관계사, 절, 가정법, 접속사 등의 영문법을 배우기 전에 주어, 동사, 부사, 형용사, to 부정사 등의 기본 용어의 뜻과 쓰임을 먼저 배우는 것이다. 교재는 마더텅《중학영문법 3800제 STARTER》를 사용한다.

이 책의 목차를 보면 명사와 관사, 대명사, be 동사, 일반동사, 조동사, 형용사, 부사, 비교구문, to 부정사, 접속사, 전치사, 문장의 형식, 문장의 종류까지 총 13개 챕터로 구성되어 있다. 첫 챕터인 명사와 관사의 처음 두 페이지를 보면 알 수 있듯이, 전체적으로 쉬운 편이라 초등학생 자녀에게 영어 공부를 꾸준히 시켜온 양육자의 입장에서는 초등학교 3학년 때쯤 풀면 적당하다고 여길 수도 있다. 하지만 이 책에는 초등학생이 중학교에 가기 전에 반드시 알고 가야 하는 내용이 모두 들어 있다.

정규과정을 수강하는 학생이 아니더라도 기초 문법 수업을 듣기 위해 오는 타 학원의 학생들도 있다. 그 학생들을 살펴보면 이전까지 큰 학원에 다녔든, 작은 학원에 다녔든 이 기초 문법 특강에서 다루는 영어의 기초들은 대부분 5~6학년을 대상으로 수업이 진행됨에도 불구하고 제대로 알고 있는 경우가 거의 없다. 반드시 알고 있어야 하는 내용임에도 막상 테스트를 진행해보면 생각보다 많은 아이가 제대로 알고 있지 않다.

실제로 나는 비교적 쉬워 보이는 이 책으로 수업을 진행하면서 명사와 관사 파트에서 알고 넘어가야 할 것들을 모두 테스트하고 암기하게 한다. 그다음 대명사 파트에서도 이 책을 지도 삼아 중학교에 가기 전에 반드시 알고 있어야 할 대명사를 모두 테스트하고 암기하게 한다. 이어지는 다른 파트도 모두 마찬가지다. 그래서 불규칙 동사, 1~5형식 동사 리스트, 소유격, 목적격, 재귀대명사, 전치사 등 필수적으로 암기할 영역을 네 번이고 다섯 번이고 모두 암기할 때까지 확인하면서 수업을 진행한다.

초등학교 5~6학년 시기의 영어는 기초를 점검하는 것이 중등 문법을 급하게 시작하는 것보다 훨씬 중요하다. 이때가 기초를 점검할 수 있는 마지막 시기이기 때문이다. 막상 중학교에 입학하고 나면 이 책에 있는 기초 내용을 모두 점검할 시간이 없다. 필요하다면 카

중학영문법 3800제 STARTER 목차

CHAPTER 01 명사와 관사 Nouns and Articles ... 6
- UNIT 01 셀 수 있는 명사 ~ 규칙 변화형 (1) ... 7 ... 110-112
- UNIT 02 셀 수 있는 명사 ~ 규칙 변화형 (2) ... 9 ... 112-113
- UNIT 03 셀 수 있는 명사 ~ 불규칙 변화형 ... 11 ... 114-115
- UNIT 04 셀 수 없는 명사 ... 13 ... 110-111, 115-117
- UNIT 05 부정관사 a/ an ... 15 ... 121-122
- UNIT 06 정관사 the ... 17 ... 123-126
- CHAPTER TEST 01 ... 19

CHAPTER 02 대명사 Pronouns ... 22
- UNIT 01 인칭대명사 ... 23 ... 10, 138-140
- UNIT 02 비인칭 주어 it ... 25 ... 142
- UNIT 03 지시대명사 this/ that ... 27 ... 143-144
- CHAPTER TEST 02 ... 29

CHAPTER 03 be 동사 The verb be ... 32
- UNIT 01 be 동사의 의미 (1) ~ 이다 ... 33 ... 10-12
- UNIT 02 be 동사의 의미 (2) ~ (하)있다 ... 35 ... 10-12
- UNIT 03 be 동사의 의미 (3) ~ 에 있다 ... 37 ... 10-12
- UNIT 04 There is/ are 구문 ... 39 ... 126-129
- UNIT 05 be 동사 과거형 ... 41 ... 10
- UNIT 06 be 동사 의문문 의 문답문 ... 43 ... 14-15
- UNIT 07 be 동사 의문문 의 과거형 ... 45 ... 14-15
- CHAPTER TEST 03 ... 47

CHAPTER 04 일반 동사 Action Verbs ... 50
- UNIT 01 일반 동사 ~ 3인칭 (단수형) (1) ... 51 ... 40
- UNIT 02 일반 동사 ~ 3인칭 (단수형) (2) ... 53 ... 41-42
- UNIT 03 일반 동사 과거형 ~ 규칙 변화형 (1) ... 55 ... 44-45
- UNIT 04 일반 동사 과거형 ~ 규칙 변화형 (2) ... 57 ... 45-46
- UNIT 05 일반 동사 과거형 ~ 불규칙 변화형 (1) ... 59 ... 48-48, 51-52
- UNIT 06 일반 동사 과거형 ~ 불규칙 변화형 (2) ... 61 ... 50-52
- UNIT 07 일반 동사 부정문 ... 63 ... 12-13
- UNIT 08 의문문 의 현재형 ... 65 ... 14-15
- UNIT 09 의문문 의 과거형 ... 67 ... 14-15
- CHAPTER TEST 04 ... 69
- FINAL TEST 01 (CHAPTER 01-04) ... 71

CHAPTER 05 조동사 Modal verbs ... 74
- UNIT 01 can, may ... 75 ... 78-81
- UNIT 02 must, have to ... 77 ... 84-87
- CHAPTER TEST 05 ... 79

CHAPTER 06 형용사 Adjectives ... 82
- UNIT 01 형용사 ... 83 ... 196-198
- UNIT 02 many, much ... 85 ... 211-213
- UNIT 03 some, any ... 87 ... 215
- CHAPTER TEST 06 ... 89

CHAPTER 07 부사 Adverbs ... 92
- UNIT 01 부사 ... 93 ... 224-226
- UNIT 02 형용사와 형태가 같은 부사 ... 95 ... 226-227
- UNIT 03 빈도부사 ... 97 ... 227-230
- CHAPTER TEST 07 ... 99

CHAPTER 08 비교구문 Comparatives and Superlatives ... 102
- UNIT 01 비교급 ... 103 ... 244-250, 252-254
- UNIT 02 최상급 ... 105 ... 244-250, 257-258
- CHAPTER TEST 08 ... 107
- FINAL TEST 02 (CHAPTER 05-08) ... 109

CHAPTER 09 to부정사 To-infinitives ... 112
- UNIT 01 명사적 용법 ... 113 ... 156-158
- UNIT 02 형용사, 부사적 용법 to부정사 ... 115 ... 159-161
- CHAPTER TEST 09 ... 117

CHAPTER 10 접속사 Conjunctions ... 120
- UNIT 01 등위 접속사 and, but, or ... 121 ... 266-268
- UNIT 02 시간 접속사 when, while ... 123 ... 270-271
- UNIT 03 시간 접속사 before, after ... 125 ... 370-371
- UNIT 04 시간 접속사 because, since ... 127 ... 270-271
- CHAPTER TEST 10 ... 129

CHAPTER 11 전치사 Prepositions ... 132
- UNIT 01 시간 전치사 in, at, on ... 133 ... 280-281
- UNIT 02 시간 전치사 (2) before, after ... 135 ... 281-282
- UNIT 03 장소 전치사 in, at, on ... 137 ... 286-287
- UNIT 04 장소 전치사 (2) between, among ... 139 ... 289-290
- UNIT 05 장소 전치사 (3) in front of, behind, next to ... 141 ... 288-289
- CHAPTER TEST 11 ... 143
- FINAL TEST 03 (CHAPTER 09-11) ... 145

CHAPTER 12 문장의 형식 Sentence Structure ... 148
- UNIT 01 1형식, 2형식 ... 149 ... 27
- UNIT 02 감각동사 + 형용사 ... 151 ... 28
- UNIT 03 3형식, 4형식 ... 153 ... 27
- UNIT 04 4형식에서 3형식으로의 전환 ... 155 ... 29-30
- UNIT 05 5형식 (1) ... 157 ... 27
- UNIT 06 5형식 (2) ... 159 ... 27, 102-164
- CHAPTER TEST 12 ... 161

CHAPTER 13 문장의 종류 Types of Sentences ... 164
- UNIT 01 의문사 의문문 ... 165 ... 17-18
- UNIT 02 부가의문문 ... 167 ... 20, 25
- UNIT 03 명령문 ... 169 ... 21-22
- UNIT 04 감탄문 ... 171 ... 22
- CHAPTER TEST 13 ... 173
- FINAL TEST 04 (CHAPTER 12-13) ... 175

CHAPTER 01 명사와 관사 Nouns and Articles

문장성분			명사의 쓰임새	
S 주어	O 목적어	C 보어 } 명사	셀 수 있는 명사 eggs, watches, babies	셀 수 없는 명사 paper, love, Seoul

1. 명사란?

명사란 'Tom, 의사, 사과, 호랑이, 학교, 미국'처럼 사람, 사물, 동 · 식물 혹은 장소의 이름을 나타내는 말입니다.
명사는 셀 수 있는 명사와 셀 수 없는 명사 두 가지로 구분됩니다.

2. 셀 수 있는 명사의 규칙 변화형

대부분의 경우	명사 + -s	car - cars 자동차
-s, -x, -ch, -sh로 끝나는 경우	명사 + -es	fox - foxes 여우
자음 + o로 끝나는 경우	명사 + -es	echo - echoes 메아리
'모음 + o'로 끝나는 경우	명사 + -s	audio - audios 오디오
'자음 + y'로 끝나는 경우	y를 i로 바꾸고 + -es	dictionary - dictionaries 사전
'모음 + y'로 끝나는 경우	명사 + -s	subway - subways 지하철
-f, -fe로 끝나는 경우	f, fe를 v로 바꾸고 + -es	shelf - shelves 선반

3. 셀 수 있는 명사의 불규칙 변화형

단수형과 복수형이 같은 경우	Japanese - Japanese 일본인
그 밖의 불규칙 복수형의 경우	woman - women 여자

4. 셀 수 없는 명사

물질명사	일정한 형태가 없는 것	water 물
추상명사	형태 없는 개념이나 감정	freedom 자유
고유명사	사람 혹은 장소 지명 같은 고유한 이름	John (사람) 이름)

5. 관사

부정관사 a/ an	a + 첫소리 자음, an + 첫소리 모음
정관사 the	앞에 나온 명사 반복, 상황상 무엇인지 알 때, 유일한 것, 서수, 최상급, 악기 이름
관사를 쓰지 않는 경우	식사 이름, 운동 경기, 교통 및 통신 수단

UNIT 01 셀 수 있는 명사 규칙 변화형 (1)

Eggs are round. 계란은 둥글다.
I have many watches. 나는 시계가 많다.

대부분의 경우	-s, -x, -ch, -sh	자음 + o, 모음 + o
map - maps 지도	bus - buses 버스	potato - potatoes 감자
song - songs 노래	box - boxes 상자	tomato - tomatoes 토마토
star - stars 별	church - churches 교회	radio - radios 라디오
pencil - pencils 연필	dish - dishes 접시	video - videos 비디오

학습 포인트

대부분의 경우	명사 + -s	car - cars 자동차	bird - birds 새
-s, -x, -ch, -sh로 끝나는 경우	명사 + -es	fox - foxes 여우	beach - beaches 해변
'자음 + o'로 끝나는 경우	명사 + -es	echo - echoes 메아리	hero - heroes 영웅
'모음 + o'로 끝나는 경우	명사 + -s	audio - audios 오디오	zoo - zoos 동물원

Let's Practice

다음 명사의 복수형을 쓰세요.

1 test 시험 _____
2 cat 고양이 _____
3 cookie 쿠키 _____
4 class 학급, 수업 _____
5 sandwich 샌드위치 _____
6 ash 재 _____
7 buffalo 버팔로 _____
8 studio 스튜디오 _____
9 potato 감자 _____
10 duo 듀오, 2인조 _____
11 kangaroo 캥거루 _____
12 stereo 스테레오 _____

페 '문법 자료실'에 본 교재의 각 챕터별로 암기해
야 할 추가 자료들이 있으니 다운받아서 테스트해
보자(QR코드 참조).

만약 집에서 이 문제집을 학생 혼자 풀고 넘어간다면 너무 쉽다
며 수준에 안 맞는다고 말할지도 모른다. 실제로 이 책에 있는 예문
과 연습 문제는 모두 쉽다. 하지만 이 책에서 배워야 하는 것은 '이
런 건 너무 쉬워서 다 알아'가 아니다. '이렇게 쉽고 다 안다고 생각
한 내용인데도 내가 정확히 알고 있는 것은 아니었구나'다. 초등학
교 3학년 아이들도 영작 수업을 처음 시작할 때 그날 읽으라고 골라
준 원서를 보고는 "선생님, 이 책은 너무 쉬운데요?"라는 말을 먼저
한다. 하지만 하루 동안 꼼꼼하게 공부하고 난 뒤 여전히 쉬운지 물
어보면 "아니요, 이게 딱 적당해요"라고 대답한다.

기초 문법 특강을 진행할 때도 마찬가지다. 대부분 5학년들이 모
여 앉은 특강 수업에서 아이들은 처음 책을 펼치고 내용이 너무 쉽
다며 너도나도 떠든다. 하지만 그렇게 쉽다고 생각했던 내용의 테스
트를 매번 통과하지 못하면서 아이들은 자신의 실력에 대해 겸손한
마음을 갖게 된다.

3

전 학년을 아우르는 중급 문제집

앞 장에 이어서 계속 추천하는 책은 마더텅에서 나온《중학영문법 3800제》다. 가르치기 쉽고 아이들이 꼭 알아야 할 내용이 모두 담겨 있어 이 출판사의 교재를 주로 이용한다. '내가 가르치고 싶은 내용과 책이 얼마나 일치하는가?'가 내가 책을 선택하는 기준이다.

《중학영문법 3800제 STARTER》를 마무리했다면《중학영문법 3800제》와 함께《Grammar in Use》Basic을 함께 공부하는 걸 추천한다.《Grammar in Use》는 Basic 다음으로 이어지는 Inter-mediate 과정도 있으나 초등학생이 보기에는 Basic이 적당하다. 안에 있는 예문들도 어려운 편은 아니니 예문을 정독하면서 연습 문제를 풀면 고학년 문법 입문 공부에 꽤 도움이 될 것이다.

나는 초등학교 고학년을 대상으로 처음 중등 문법 수업을 시작할 때도 중학영문법 3학년 교재로 시작한다. 처음부터 중학교 3학년

교재를 고르는 이유는 1, 2, 3학년 교재 모두 영문법 과정의 큰 틀은 같기 때문이다. 단지 《중학영문법 3800제》에서 상급 학년으로 올라 갈수록 과정별로 추가되는 부분이 있다. 초등학생들도 그렇지만 중학 생 역시 아직 자신의 공부법을 잘 모르는 아이들이 대부분이다. 그래 서 중학생까지는 공부한 내용을 제대로 소화했는지 반드시 전 과정 에서 테스트를 진행해야 한다. 영어뿐만 아니라 중학교에서 배우는 모든 내용을 90퍼센트 이상 이해하고 있어야 고등학교 과정을 원활 하게 진행할 수 있기 때문이다.

이때 나는 아이들에게 영어와 국어를 반드시 함께 공부하도록 주 지시킨다. 중학교 국어에는 암기해야 할 사항들이 무척 많다. 아이들 에게 '국어는 암기 과목, 영어는 이해 과목'이라는 말을 자주 할 정도 다. 특히 초등학교 5학년부터 '단어'를 집중적으로 암기해야 하는 과 목은 영어보다도 국어다. 아이들이 교과서에 나오는 대부분 단어의 뜻을 잘 모르고 있기 때문이다. 그런 아이들에게 여러 종류의 추천 도서를 많이 읽힌다고 해서 저절로 단어의 뜻을 알게 되지는 않는다.

그래서 고학년부터는 영어와 함께 국어, 사회, 과학 교과서에 나 오는 모든 단어와 문맥을 공부하게 한 뒤 회차별로 구두 테스트를 병행한다. 초등학생부터 중학생까지 이렇듯 과정을 하나하나 짚어가면서 확인하는 방식으로 공부를 진행하면, 얼마 지나지 않아 대부분의 아이들이 공부를 하면서 선생님이 무엇을 물어볼지 저절로 감을 잡는다. 고등학교 상위권 학생들이 선생님의 속을 훤히 꿰뚫고 미리 공부하는 방식을 어릴 때부터 미리 연습시키는 것이다.

다시 영문법으로 돌아가서, 《중학영문법 3800제》의 목차는 다음과 같이 구성된다.

1. 문장의 기초(의문문, 부가 의문문, 1~5형식)
2. 시제(현재, 과거, 미래, 현재완료, 과거완료, 현재완료진행, 과거완료진행, 미래완료)
3. 조동사
4. 수동태
5. 명사와 관사
6. 대명사
7. 부정사(to 부정사)
8. 동명사
9. 분사
10. 형용사
11. 부사
12. 가정법
13. 비교구문
14. 관계사
15. 접속사
16. 전치사
17. 일치와 화법
18. 특수구문 & 속담

아직은 자유학년제 시행으로 중학교 1학년은 내신 시험이 없는 경우가 많다. 하지만 자유학기제가 시행된다면 중1부터 내신 지필평가를 시작할 수 있다. 자유학년제 시행 기간에는 1학년 때 중간·기말의 지필평가 대신 선택, 진로, 동아리 활동이나 수행평가 등 기타 과정 중심의 평가를 진행했다. 그래서 주로 2학년 1학기부터 내신 지필평가를 시작했지만 자유학기제가 도입된다면 대부분 중1 2학기부터 지필평가를 시행할 것이다.

위 목차에서 중학교 시험에 가장 많이 등장하는 파트가 1번 문장의 기초와 2번 시제, 7번 to 부정사다. 학생들이 《중학영문법 3800제》로 공부를 시작하기에 적당한 시기는 6학년부터다. 앞서 말했던 문장의 어순, 즉 문장력이 완성된 상태라면 6학년에 시작하는 문법 공부는 훨씬 수월하다. 영문법을 이해하는 속도도 빠르고, 중학 내신의 변별력을 좌우하는 수행평가에서도 영작 실력이 우수한 학생들은 높은 점수를 받을 수 있기 때문에 부담도 적다. 고등학교 과정에서도 계속 사용해도 될 만큼 《중학영문법 3800제》 3학년 교재에는 중요한 문법이 모두 들어 있다. 고등학교 진학 전에 이 책에 있는 문법을 모두 소화했다면 수능 대비도 훨씬 수월해질 것이다.

문법서는 개념을 이해하는 것이 무엇보다도 중요하다. 스스로 영문법을 터득하기 힘들어서 학원의 도움을 받는 것이지만, 학원 수업을 들었다고 해서 문법의 개념이 다 내 것이 되지는 않는다. 그리고 학원에서는 보통 문제 풀이 위주로 수업을 진행하는 경우가 많다. 학생들 역시 대부분 문제 풀이를 그저 숙제로 치부해, 개념을 이해하려 하기보다는 어서 숙제를 끝내기에 바쁘다.

하지만 문법서는 문제 풀이보다 먼저 학생이 그 파트의 개념을 확실히 이해하고 암기했는지 확인하는 것이 더 우선이 되어야 한다. 중학 영문법을 배우는 동안 학생이 스스로 공부하고 이해한 내용을 누군가 확인해주는 과정이 반드시 뒤따라야 한다. 그렇게 이 책의 내용을 중학교 시절에 최소 네 번은 반복해서 공부해야 한다. 강의는 온라인상에서도 얼마든지 들을 수 있으므로, 숙제 검사와 테스트만 확실히 받는다면 학생이 자신의 수준에 맞춰 복습해가며 영문법을 공부할 수 있다. 반드시 학생의 레벨에 맞춰 개별 테스트를 받으면서 진도를 나가길 권한다.

예전에 중학교 1학년과 초등학교 4학년 자매가 나란히 학원에 다녀서, 중1 학생이 5형식을 배우고 암기한 날에 동생에게 5형식을 이해시키고 오라는 숙제를 내준 적이 있었다. 내가 배우고 익히는 것도 쉬운 일은 아니지만 누군가를 가르치려면 더 확실히 알아야 한다. 그래서 이런 숙제는 매우 효과적인 공부법이 될 수 있다.

초등학교 고학년부터 중학교까지의 아이들은 학원이든, 과외든, 학습이든 가장 많은 도움이 필요한 시기다. 고등학교에 올라가고 나서는 사실 학원의 도움을 받을지 말지는 학생의 선택이다. 하지만 초등학교 고학년부터 중학교까지는 전 과목에서의 개념 정리가 얼마나 잘 되어 있는지에 따라 고등학교 학습이 달라진다.

공부의 과정을 네 단계로 구분한다면 '내용을 듣는다 → 내용을 이해한다 → 내용을 암기한다 → 내용을 설명한다'로 나눌 수 있다.

대부분 학생이 학원에 가면 내용을 듣고 이해하는 것까지만 하고 공부를 다 했다고 생각한다. 하지만 그렇게 공부하면 일정 기간 후에는 잊어버리기 때문에 그 내용을 처음부터 다시 공부해야 한다. 내용을 듣고 이해하는 것까지만 또다시 반복하는 것이다.

애초에 처음 공부할 때 암기하고 누구에게 설명할 수 있을 정도로 확실하게 공부해야만 반복을 덜 할 수 있다. 듣기만 하고 고개만 주억거리고 마는 공부는 내 공부라기보다는 앞에서 설명하는 선생님의 공부다. 그러니 아이가 '암기한다'와 '설명한다'에 집중해서 공부할 수 있도록 시스템을 만들어줘야 한다.

초등학생과 중학생에게 수업을 듣고 이해한 후에 스스로 설명해서 말할 수 있을 정도로 공부했는지 확인하는 것은, 아주 수고스럽고 시간과 정성이 많이 드는 일이다. 하지만 그 시기는 반드시 그런 과정을 거칠 수 있게끔 학습 방식을 습관화하는 게 중요하다. 그래야 제대로 된 공부의 과정을 배우고, 나중에 필요한 시기에 스스로 확인하며 공부하는 자기주도학습의 습관을 함양할 수 있다.

4

중학 문법 대비 학년별 영어 공부

지금까지 나는 초등학생, 중학생, 고등학생을 모두 가르쳐봤다. 그리고 그 과정에서 어떤 학생들이 결국 고등학교에서 우수한 성적을 내는지, 그러기 위해 중학교에서 어떤 것을 미리 준비해야 하는지, 초등 시기에는 어떤 과정을 거쳐야 스스로 공부하는 아이로 성장하는지 순차적으로 알게 되었다. 앞서 추천한 교재들에는 중등 과정에서 필수로 알아야 하는 내용이 모두 담겨 있다. 그 내용을 모두 제대로만 숙지하면 중학교 내신 점수뿐 아니라 고등학교 내신 점수까지도 고득점이 가능해진다.

중학교 내신에서 영문법은 내신 지필 시험 점수와 연결되고, 문장력, 즉 문장을 만드는 힘은 수행평가 점수와 직결된다. 그 두 가지를 모두 잡으면 중학교 내신 공략이 가능하다. 다만 기출 문제 풀이 등으로 학원에서도 단기간에 학습이 가능한 문법 지필평가에 반해, 수행평가의 기준이 되는 문장력은 기초 실력 없이는 단기간에 실력이 늘지 않는다. 그래서 중학교 내신 시험의 변별력은 결국 수행평가에서 결정된다.

게다가 중학교 때는 중등 공부만 해서는 안 된다. 고등학교 과정을 미리 준비할 시간도 할애해야 한다. 결국 대입은 도미노이고, 수능은 초등 5~6학년부터 시작되는 마라톤과 같다. 그러니 늦었다고 생각하지 말고 장기적인 공부 계획을 세우길 바란다.

중학교 내신 공략을 위해서는 학교에서 수업 중에 선생님이 추가로 학습시킨 자료를 100퍼센트 활용하는 것이 중요하다. 그리고 조동사, 명사와 관사, 대명사, 형용사, 부사, 전치사는 영문법의 기초로 생각하고 내신 기간과 상관없이 미리 공부해둬야 한다. 이 파트들에는 시험 범위와 상관없이 언제든 시험 문제로 등장할 수 있는 기초적인 내용이 포함되어 있다. 시험 기간에 한꺼번에 암기하려면 시간을 아주 많이 들여야 하기 때문에 미리 공부해두는 것이 좋다.

만일 학생이 지금 중학교 3학년이라고 가정해보자. 현재 그 학생은 문장력이 전혀 없는 상태로 어휘량도 부족한데 내년에는 고등학교에 진학해야 한다. 그런데 문법의 기초마저 다져지지 않은 상태라면 어쩔 수 없이 모두 암기하는 수밖에 없다. 하지만 이미 문장력이 완성된 초등학교 6학년이라면 천천히 쓰임에 따른 문법 용어를 익혀가면서, 중학교 2학년까지 앞서 추천한 중등 문법 교재를 최소한 3~4번 반복할 생각으로 공부하면 된다. 잊어버릴 만하면 다시 반복하고 복습하는 것이다.

위 내용은 중학교 내신에서도 중요하지만, 고등학교 영어에도 바탕이 되므로 당장 모두 암기하기보다 반복적으로 공부해서 장기 기억으로 전환하는 게 중요하다. 무엇보다도 문장력이 완성된 5~6학년들은 중등 내신에서 가장 중요한 수행평가 준비가 모두 완료된 상태이기 때문에 문법 용어는 학교 범위에 맞춰 천천히 하나씩 배워나가면 된다.

만약 초등영어 학습의 골든타임을 놓쳐버린 중학생이라면 다음과 같은 방법을 추천한다.

- **중학교 1학년:**《중학영단어 9000》필수 암기(하루 60~100개), 《중학영문법 3800제》1년에 최소 2회 이상 반복 학습(개념+워크북), 내신 기간 수행평가에 집중(Writing or Speaking)

- **중학교 2학년:**《중학영단어 9000》필수 암기(하루 100개 이상), 고교 단어장 암기 시작(하루 30개 이상),《중학영문법 3800제》1년에 최소 3회 이상 반복 학습(개념+워크북), 고교 듣기평가 주 1회 이상 필수, 내신 기간에 맞는 영문법 학습과 수행평가에 집중(Writing or Speaking)

- **중학교 3학년:**《중학영단어 9000》필수 암기(하루 150개 이상), 고교 단어장 필수 암기(하루 60개 이상),《중학영문법 3800제》1년에 최소 4회 이상 반복 학습(개념+워크북), 고교 듣기평가 주 1회 이상 필수, 고등수능 대비 모의고사 주 1회 풀이, 내신 기간에 맞는 영문법 학습과 수행평가 집중(Writing or Speaking)

한 번에 많은 양을 공부하는 것보다 시간을 짧게 나눠서 꼭 필요한 내용을 꾸준히 쌓아가는 것이 중요하다. 이렇듯 학년이 이미 올라간 상태에서 탄탄하지 않은 기초를 채우려면 시간이 모자라서 고생하게 된다. 고등학생이 공부 시간이 부족한 이유는 초등학교와 중학교에서 꼭 익혀야 할 기초를 익히지 못했기 때문이다. 그나마 알려준 공부 방법도 초등학교 때 공부할 적기를 놓친 중학생일 경우 적용 가능한 것이고, 고등학교에 들어가면 다시 과목별로 해야 할 공부가 그 이상으로 쌓인다. 그래서 장기 마라톤인 입시에서 초등학교 시절의 공부가 가장 중요하다고 말하는 것이다.

무엇을 기준으로 아이를 공부시킬지 양육자가 먼저 중심을 잡아야 한다. 양육자도, 아이도 중심 없이 초등학교 시절을 보내고 나면 중고등학교에 가서 힘들어지는 것은 결국 아이들이다.

2025년부터 자유학년제가 폐지되고 자유학기제를 학교장 재량으로 유지한다고 한다. 또한 코로나 세대인 아이들이 2024년부터 고1~3이 될 예정이어서 대입 결과에서도 차이가 드러날 것이다. 게다가 코로나 세대 아이들은 2025년부터 전면 시행되는 고교학점제 첫 세대이기도 하니 혼란이 가중될 것으로 보인다.

하지만 시대를 탓하고 있을 수만은 없다. 이 시기를 지나가는 아이들을 양육자와 선생님이 도와줘야 한다. 학생들은 지금 처음 경험하는 것이지만, 윗세대는 그래도 그 시기를 지나왔으니 비교해서 생각해보고 도움을 줄 수 있다. 또 수년간의 입시와 각기 다른 교육과정들을 현장에서 지도했던 선생님들도 그 길이 처음인 아이들을 도와야 한다. 아이들은 자신이 가게 될 길을 내다보지 못하기 때문이다. 이 모든 교육 제도의 개편이 시사하는 바를 정리하면 다음과 같다.

- 앞으로는 중학교에 들어가면 1학년부터 바로 내신 시험이 시작된다. 따라서 초등학교 5~6학년은 지금보다도 더 알차게 보내야만 하는 시간이 될 것이다.
- 중학교에 들어가기 전에 공부에 질리지 않은, 스스로 공부하는 아이라야만 중학교 3년 동안 꽉 찬 공부를 하면서 동시에 고등학교 과정도 대비할 수 있다.
- 고교학점제에서는 고1 내신이 이전보다 중요해질 것이므로, 중학교 때 배우는 모든 과정과 초등 고학년 과정까지는 반드시 고등학교 진학 전에 탄탄하게 정리하고 암기해야 한다.
- 고등학교 과정은 초등학교에서 중학교까지 배운 내용의 응용이다. 고등학생에게 추천하는 공부 방법은 EBS 인강이다. 하지만 고교 시절에 인강으로 혼자 공부할 수 있으려면, 스스로 부족한 부분을 파악하는 메타인지와 자기주도학습이 가능한 학생이라야 한다. 중학생 때까지 완료해야 했던 기초가 부족해 고등학생 때도 학원에 다녀야 하고 자기주도학습이 되지 않는 상태라면, 효율적인 시간 관리와 성공적인 대입을 이뤄내기 힘들다.

중학 내신 대비 최적의 교과서 공부

초등학교 6년 내내 했던 영어 공부가 중학교에서 효율적으로 쓰이지 못하는 이유는 무엇일까? 초등학교 때 영어 학원에서 배웠던 방법은 주로 단어 암기, 문제 풀기, 원서 읽기 또는 원어민 선생님의 이야기 듣기였을 것이다. 그러다 고학년이 되면 문법 학원으로 옮겨서 문법 수업을 듣는다. 하지만 이 공부의 궁극적인 목표는 성공적인 대입이다. 따라서 처음부터 영어 공부를 어떤 방향으로, 어떤 방식으로 해나갈지 정확한 목표를 잡고 시작한다면 초등학교 때의 영어 공부는 중학교뿐 아니라 고등학교 때까지도 유용하게 쓰일 수 있다.

이번 장에서는 초등학교 고학년이 중학교 입학 전에 참고할 만한 중등 영어 교과서의 수준을 살펴보고 공부 방법을 가늠해보고자 한다. 이를 통해 중등 영어의 수준이 어느 정도인지 몰라서 가지게 되는 막연한 두려움을 없앨 수 있길 바란다.

중등 교과서 중에는 책의 시작 부분에 교과서 각 강별로 공부해야 할 주요 사항을 미리 간략하게 정리한 장이 포함된 교과서가 있다. 이런 교과서는 그 부분만 확인하면 각 강의 시험 범위에서 출제되는 주요 문법 사항을 미리 확인할 수 있다.

다음의 교과서는 《MIDDLE SCHOOL ENGLISH 2》(이병민 외 저, 동아출판) 내에서 확인한 파트다(182~183쪽 참조). 여기서 1강의 내용만 확인해보면 'Give the other person a chance **to talk.** / Change the topic, **or** your partner will fall asleep.'에서 진하게 표시된 부분이 주요 문법 파트다. 즉 이 교과서의 1강에서는 to 부정사와 등위접속사가 주요 시험 범위로 출제된다는 것을 알 수 있다.

그다음 교과서는 《MIDDLE SCHOOL ENGLISH 2》(송미정 외 저, YBM) 내에서 확인한 각 강의 도입부다(184~185쪽 참조). 이 교과서의 경우에는 앞의 교과서처럼 책의 시작 부분에 각 강별로 공부해야 할 주요 사항을 미리 정리한 장이 없다. 이런 종류의 교과서는 각 강의 도입부에 정리된 내용을 보고 주요 문법 사항을 확인해야 한다.

살펴보면 1강의 경우 'I think the guitar has **the most beautiful** sound of all musical instruments. / I will put more effort into studying math **to overcome** my weakness.'로, 2강의 경우 'Here are some tips **to protect** your health. / It **makes your eyes feel** tried and dry to read small letters on a smartphone for a long time.'으로 정리되어 있다. 1강에서는 최상급과 to 부정사가, 2강에서는 to 부정사와 문장의 5형식 중 사역동사가 주요 시험 범위인 것이다.

이 책에서 **학습**할 **내용**

Lesson	Listening & Speaking	Reading	Structure & Writing
1 **Can We Talk?**	조언 구하기 A: What can I do to sleep better? B: You can drink warm milk before bed. 제안하기 A: How about going to the bookstore? B: Great idea!	**Talk Your Best!** 효과적인 의사소통을 위한 다섯 가지 조언	• Give the other person a chance **to talk**. • Change the topic, **or** your partner will fall asleep. • '소셜 미디어'상의 예절 쓰기
2 **Close to You**	확신 말하기 A: Sam plays the guitar really well. B: I'm sure he will get first place in the contest. 성격 묘사하기 A: What is she like? B: She is active and outgoing.	**Where Is Daddy?** 가족 간 관계의 소중함에 관한 이야기	• My father **has been** invisible since last night. • We **asked** the doctor to **help** us. • 친구 소개하는 글 쓰기
3 **The Music Goes On**	선호 말하기 A: Which sport do you like best? B: I like tennis best. 이유 말하기 A: Why do you want to visit Canada? B: Because I want to see Niagara Falls.	**The Star of Stars** 스타 중의 스타였던 피아니스트 Franz Liszt	• The Beatles **were loved by** many people. • If you like today's idols, you will love the original idol. • 팬레터 쓰기
4 **Go for It!**	여가 활동 말하기 A: What do you do in your free time? B: I often play table tennis. 경험 말하기 A: Have you ever ridden a horse? B: Yes, I have.	**Too Hot to Run** 네 개의 사막을 달리는 특별한 마라톤 4 Deserts Race	• They are the people **who** take part in the 4 Deserts Race. • The Atacama Desert is **the driest** desert in the world. • 우리 학교 체육 대회 신문 기사 쓰기
Special Lesson 1	**Summer on a Stick** 파인애플 막대 아이스크림을 만드는 방법		

Lesson	Listening & Speaking	Reading	Structure & Writing
Come One, Come All	길 묻고 답하기 A: How can I get to the post office? B: Go straight to 1st Street and make a right. 소요 시간 말하기 A: How long will it take to make the sandwiches? B: Maybe it will take about an hour.	**Let's Party!** 세계의 다양한 축제	• **It** is a lot of fun **to throw** colorful powder at everyone. • You can **hear** musicians **playing** beautiful live music. • 우리 지역을 소개하는 글 쓰기
Into Outer Space	알고 있는지 묻기 A: Do you know who he is? B: Yes, I do. He is Albert Schweitzer. 용도 말하기 A: What is it for? B: It's for making ink.	**Fly Me to Mars** 화성 거주 지원자 모집 광고와 화성에 관한 정보	• A year on Mars is about twice **as long as** a year on Earth. • **Although** there are many movies about Mars, no one has been there yet. • 화성 거주 지원서 쓰기
Can I Trust It?	추천 요청하기 A: Can you recommend a musical for me? B: How about *The Lion King*? 만족 여부 묻고 답하기 A: How do you like your bicycle? B: I'm really happy with it.	**Making Good Choices** 사실과 의견에 관한 두 학생의 대화	• The movie is **so** boring **that** I want to cry. • In the ad, "Best Picture" is the award **which** the movie won. • 독서 감상문 쓰기
Be Like Sherlock!	도움 요청하기 A: Can you help me mop the floor? B: No problem. 추측하기 A: I guess you're playing the piano. B: You're right.	**The Missing Gold!** 탐정 소녀 Shirley의 활약상이 흥미진진한 추리 소설	• Is there **something wrong**? • Could you tell me **when this happened**? • 이야기 이어 쓰기
Special Lesson 2	**Frindle** 새로운 단어를 만들어낸 소년 Nick과 Granger 선생님의 이야기를 그린 Andrew Clements의 소설		

1 My Bucket List

∙ Look, Think, and Talk

그림 속 친구들이 어떤 바람을 이야기하고 있을지
말해 봅시다.

e.g. I hope I can go camping this year.

Study Points

Topic 버킷 리스트

Functions

∙ 바람, 소망 말하기

A: I hope I can travel to Europe this
summer.

B: That sounds great.

∙ 계획 묻고 답하기

A: What are you planning to do at
the school festival?

B: I'm planning to sell snacks.

Forms

∙ I think the guitar has **the most
beautiful** sound of all musical
instruments.

∙ I will put more effort into
studying math **to overcome**
my weakness.

Let's Be Smart Smartphone Users

Lesson 2

• **Look, Think, and Talk**

그림 속 친구들에게 어떤 충고의 말을 할 수 있을지 이야기해 봅시다.

e.g. You should not use your smartphone when you talk with someone.

Study Points

Topic 스마트폰

Functions

• 충고하기
  A: I'm always late for school. What should I do?
  B: You should set an alarm on your smartphone.

• 당부하기
  A: Can I eat this pizza?
  B: Sure. Just make sure you wash your hands first.

Forms

• Here are some tips **to protect** your health.
• It **makes your eyes feel** tired and dry to read small letters on a smartphone for a long time.

이처럼 시험 범위가 정해지면 해당 부분의 주요 문법 범위는 모두 공부해야 한다. 최상급이 시험 범위로 나오는 경우는 형용사의 원형과 비교급까지 함께 공부해야 한다. to 부정사의 용법이 시험 범위로 나오는 경우는 to 부정사 전체 파트를 모두 공부해둬야 지필 시험에 안전하게 대비할 수 있다. 또 교과서는 학교별로 정해지는 출판사와 저자가 다르므로, 교과서를 잘 확인해서 공부해야 한다.

각 범위의 문법을 공부한 후에는 본문으로 가서 해당 문법이 들어 있는 문장은 모두 암기하도록 한다. 교과서 내의 단어는 수업 시간에 선생님이 출력물로 정리해서 반드시 외워야 할 단어나 표현들을 정리해주는 경우가 많으므로, 학교에서 받은 출력물은 빠짐없이 모두 암기하는 것이 지필 시험에서 고득점을 받는 방법이다.

어느 정도 중등 문법에 대한 이해를 마친 학생들은 중학교 교과서의 본문에서 각 강의 주요 문법이 포함된 문장을 찾는 것도 내신 대비에 탁월한 방법이다. 이 방법은 문장력이 어느 정도 완성되어 기초 시제의 문장들을 자유자재로 쓸 수 있고, 문법에 대한 이해가 있을 때 사용해야 효과가 높다. 영어 문장의 기초 어순도 모르고 문법마저 어려운 상태에서 이 방식으로 공부하면 사막에서 바늘을 찾는 것처럼 막막하고 어려울 수 있다.

영어 본문에서 해당 문법에 맞는 문장을 찾기 어렵다면 본문을 한글로 모두 해석해두고 해석에 맞는 표현을 찾아보는 것도 좋다. 아직 영어 실력이 미숙하다면 한글로 해당 표현을 공부하는 방법을 추천한다.

사라진 금(The Missing Gold)

교장 선생님 미스터 리스가 젖은 운동장을 가로질러 달렸다.

"셜리! 셜리! 난 네 도움이 필요해!"

셜리는 베이커스빌 중학교의 8학년 학생이다. 그녀는 또한 그 도시 안의 최고의 탐정이기도 하다.

"뭔가 잘못된 거라도 있나요?" 셜리가 물었다.

"누군가 장기자랑에 쓰일 금메달을 훔쳤어!"

미스터 리스는 셜리를 범죄 현장으로 데리고 갔다. 유리가 깨진 수납장이 하나 있었다. 은메달과 동메달은 여전히 그곳에 있었지만, 금메달이 없어졌다. 그 장소에는 시가 하나 있었다.

'내일이 장기자랑이다. 금메달은 어디로 갔을까? 샅샅이 찾아봐라.

너는 나를 잡을 수 없다. 너는 너무 느리다.'

셜리가 물었다. **"언제 이 일이 일어났는지 말해주실 수 있나요?"**

"어젯밤에 아홉 시가 좀 지나서였어. 비명을 들었을 때 나는 순찰 중이었어. 난 서둘러 갔지. 그리고 조슬린과 이렇게 된 수납장을 발견했어."

"누가 또 어젯밤에 여기에 있었을지 궁금하군요."

"실비아 그리고 해리. 그들은 장기자랑을 위해 연습하는 중이었어. 그들을 내 사무실로 부를게."

위의 내용은 《MIDDLE SCHOOL ENGLISH 2》(이병민 외 저, 동아 출판) 교과서 8과의 본문이다. 8과의 주요 문법 사항은 'Is there **something wrong?** / Could you tell me **when this happened?** (뭔가 잘못된 거라도 있나요? / 언제 이 일이 일어났는지 나에게 말해줄 수 있나 요?)'로 형용사의 명사 수식과 간접의문문이다. 영어 문법 실력이 어 느 정도 갖춰진 학생이라면 해당 문법과 일치하는 문장을 본문에 서 찾아 모두 표시해보고, 실력이 조금 부족한 학생이라면 본문을 한글로 해석한 자료에서 해당 문법과 일치하는 문장을 찾아본다. '~thing'으로 끝난 명사 뒤에서 수식하는 형용사를 찾는 것이 첫 번 째고, 두 문장이 합쳐진 간접의문문을 찾는 것이 두 번째다.

본문에는 그 과에서 공부해야 하는 문법과 관련된 문장이 반복해 서 등장하므로, 모든 문장을 다 찾아보고 익히는 것이 좋다. 혹시 교 과서 활용 진도를 파악하기 어렵다면 각 교과서 출판사별 활용 진

도표를 카페 자료실에서 다운받아 활용하면 된다
(QR코드 참조).

초등 고학년 때 중학교 과정에 대한 예습을 준비
중이라면 이때는 불특정의 다양한 원서보다 아이가 배정받을 수 있
는 범위 내 중학교의 교과서를 과목별로 미리 사서 읽어보는 것을
추천한다. 그 학교에 다니고 있는 선배 아이들이나 지역 맘카페를
통해서 구할 수도 있고, 각 학교 홈페이지를 참고하거나 문의를 통
해 해당 교과서의 출판사명과 저자를 확인하면 미리 구매할 수 있
다. 학기가 끝나면 학교에서 교과서를 수거해서 버리는 경우가 많으
니, 그전에 이야기해두는 방법으로 교과서를 구할 수 있을 것이다.
'사단법인 한국교과서협회' 사이트에 들어가면 교과서 쇼핑몰에서
중등 교과서를 구매하는 것도 가능하다.

TIP

중등부터 준비하는
수능 영어

이번 장은 대입을 준비 중인 고등학생들을 가르칠 때 단시간에 모의고사를 공략해서 등급을 올릴 수 있도록 했던 방법들이다. 처음 고등 모의고사를 접하는 중학생들은 듣기평가 파트를 먼저 공부하고, 차례로 모의고사 독해 풀이 순서를 배우면서 응용하길 바란다.

1 중1부터 시작하는 고교 듣기평가 공부법

문장력을 충분히 다지고 초등학교 5~6학년에 본격적으로 중등 문법을 시작했다면 중1부터는 바로 고등학교 듣기평가를 시작할 수 있다. 이미 모든 문장을 쓰고 말할 수 있는 학생들이므로 고등학교 듣기라고 해도 그리 어렵지 않다. 고등학교 듣기평가는 고1, 고2, 고3의 수준 차이가 현격하다. 문장도 길어지고 단어의 수준도 높아지며 무엇보다도 말하는 속도가 빨라진다. 그래서 고1 듣기평가와 수능 듣기평가를 비교하면 그 차이를 느낄 수 있다.

중학교 1학년 학생들에게 듣기평가 공부를 시킬 때 고2 듣기평가부터 시작하는 것도 좋은 방법이다. 만약 고3 듣기도 가능한 학생이라고 판단되면 고3 듣기평가부터 시작하기도 한다. 조금 어렵긴 하겠지만 고3 듣기평가를 한 권 끝내고 고1 듣기평가를 시작하면 상대적으로 쉬워져서 문장이 더 잘 들리기 때문이다. 그래서 듣기 공부는 어려운 내용으로 집중력을 한껏 끌어올린 후 쉬운 내용으로 넘어가는 것도 하나의 방법이다.

듣기평가, 모의고사 1~17번

고등학교 수능 모의고사에서 듣기평가의 배점은 100점 만점에 자그마치 37점이 배점되어 있다. 고등학생 중에 가끔 "저는 듣기는 좀 해요"라고 말하는 학생들이 있었는데, 그런 학생들은 대부분 듣기를 세 개 이상 틀리는 학생들이었다. 듣기는 무조건 17문제를 다 맞히는 것을 목표로 공부해야 한다. 만약 틀린 세 문제가 모두 3점짜리 배점이면 자그마치 9점이 감점된다. 영어 영역은 10점마다 등급컷이 달라지므로, 듣기에서만 한 등급이 떨어지는 것이다.

고등학교 모의고사에서 듣기평가는 무엇보다도 우선 공략해야 하는 사항이다. 그래서 중학교 때부터는 반드시 고등학교 듣기 연습을 시작해야 한다. 고난도 문제들이 군데군데 포진해 있는 고등학교 수능 모의고사에서 가장 난도가 낮은 파트가 듣기다. 그래서 100점 만점인 수능 영어에서 듣기로 37점을 깔아두고 시험을 시작한다면 절대 5등급 이하의 점수는 나올 수가 없다.

1~2등급의 학생이라면 더더욱 듣기평가가 중요하다. 한 문제가 아쉬운 상황에서 충분히 맞힐 수 있는 2점짜리 듣기 한 개를 틀려서 89점이나 79점을 받고 1점 차이로 한 등급이 떨어지는 경우도 많다. 드라마 같지만 수능 시험장은 안 하던 실수도 하게 만드는 곳이다. 해마다 이런 실수는 수도 없이 일어난다. 결국 실수를 허용하지 않을 정도의 정신력은 오랜 시간 꾸준히 쌓아 올린 자신의 실력에 대

한 믿음밖에 없다.

들기평가에서 문장을 통으로 듣지 않고 단어 한 개를 들은 후에 그 단어 위주로 답을 고르는 학생들이 많다. 출제자들도 그 사실을 알고 있기 때문에 학생들의 행동 경로를 예상하고 문제를 낸다.

고등 모의고사 듣기는 문제 유형이 정해져 있다. 네이버에서 수 능 기출 문제나 평가원 모의고사는 시험지와 정답지, 음원까지도 누 구나 다운받을 수 있으니 기출 문제를 풀어보면 도움이 될 것이다. 최근 수능 기출 문제를 가지고 순서대로 문제 유형을 파악해서 나 열해본 것이다. 1~17번까지의 듣기 문제다.

○ 다음을 듣고 남자/여자가 하는 말의 목적으로 가장 적절한 것 을 고르시오.

Point 1. 글의 목적과 의견을 묻는 문제는 주제를 묻는 것이다. 주제와 소재를 구분하는 것은 아주 중요하다. 주제란 소재의 단어를 포함한 중심 문장이고 소재는 중심 단어다. 쉽게 말해 서 주제 문장에는 반드시 소재 단어가 포함되어야 한다. 듣기 후에 나올 독해 지문에서도 이는 매우 중요한 포인트다. 소재 단어를 듣는 것이 중요하다.

Point 2. ①~⑤의 보기 다섯 개가 모두 한글인 만큼 듣기 문제 가 시작되기 전에 눈으로 빠르게 훑어보고 중심 소재 단어가 무엇인지 파악해두는 것이 큰 도움이 된다.

Point 3. 보통 인사를 하면서 시작하는 첫 문장을 지나 두세 번째 문장에서 중심 소재를 말하므로 두 번째, 세 번째 문장을 반드시 새겨들어야 한다. 그리고 마지막 두 문장에서 다시 그 얘기를 하게 되므로 결과적으로 꼭 들어야 할 문장은 두세 번째 문장과 마지막 두 문장에서 하는 이야기다.

○ 대화를 듣고, 남자/여자의 의견으로 가장 적절한 것을 고르시오.

Point 1. 문제에서 묻는 것이 여자의 의견인지, 남자의 의견인지부터 확인해 확실하게 동그라미를 쳐두고 그 사람이 말하는 서너 번째 문장을 정확히 듣자. 첫 두 문장은 도입이고, 세 번째 문장부터 소재 단어와 자기 생각을 말하기 시작한다. 생각을 피력할 때 사용하는 문구를 기억해두면 좋다. 예를 들어 'But'으로 시작하는 문장이 나온다든지, 'I believe~', 'I think~', 'You should~', 'It said~' 등 의견을 담은 동사를 사용한 문장에 정답이 있을 가능성이 크다.

○ 대화를 듣고, 두 사람의 관계를 가장 잘 나타낸 것을 고르시오 (2024년도 수능 미출제).

Point 1. 우선 대화에서 'Mr.' 'Ms.' Mrs.'가 등장하는지 잘 들어보자. 만약 'Mr. Brown'처럼 존칭에 성을 붙이면 이미 서로 통성명을 한 사이기 때문에 서비스업에서 처음 만난 관계는 아니다. 이 경우 보기에 있는 '고객-직원'이나 '관람객-판매원'

등의 관계는 성립될 수 없으므로 미리 보기에서 지운다.

Point 2. 단어를 주의 깊게 들어야 하는 문제다. 이런 문항은 대화가 길게 이어지는 데 비해 단어 수준이나 난도가 낮은 편이기 때문에 단서가 될 만한 단어를 잘 듣고 보기에서 정답을 선택할 수 있어야 한다.

○ 대화를 듣고, 그림에서 대화의 내용과 일치하지 않는 것을 고르시오.

Point 1. 대화를 듣고 대화와는 다른 그림의 번호를 고르는 문제다. 전치사의 표현법을 아는지 묻는 문제로, 전치사 사이의 명사 자리가 맞는지 확인하는 것이 이 문제의 포인트다.

Point 2. 대화는 번호 순서대로 진행된다. 눈으로 꼭 따라가면서 집중해서 확인해야 한다.

○ 대화를 듣고, 남자/여자가 할 일로 가장 적절한 것을 고르시오.

Point 1. 대화를 듣고 남자 또는 여자가 할 일로 가장 적절한 것을 고르는 문제다. 둘 다 무언가를 하겠다고 하므로 성별을 구분해서 들으면 된다. 문제에서 묻는 성별을 확인해두고 그 성별이 하겠다고 하는 것을 체크하면 된다.

Point 2. 앞으로 할 일에 관한 문제이므로 시제까지 같이 확인해야 한다. 했거나(I did/I've p.p), 지금 하고 있는(I'm ~ing) 일이 아닌 '할 일(I'll v)'을 잘 새겨들어야 한다.

○ 대화를 듣고, 남자/여자가 지불할 금액을 고르시오.

Point 1. 계산 문제는 주로 난도가 높다. 3점 배점으로 자주 출제되는 편이다. 상품별로 책정된 개별 가격을 잘 듣고 개수를 곱해야 한다. 제일 중요한 것은 할인을 놓쳐서는 안 된다. 최근 출제 경향에서는 꼭 할인이 나오는 편이니 10퍼센트 할인율 등을 잘 계산해야 한다.

○ 대화를 듣고, 남자/여자가 ~에 참가하기를 포기한 이유를 고르시오.

Point 1. 대화를 듣고 남자 또는 여자가 '~하는 이유' 또는 '~할 수 없는 이유'를 고르는 문제다. 몇 문장쯤 대화가 겉돌다가 남자 또는 여자가 but이나 because를 말할 때가 있다. 또는 'I have to v~' 표현이 등장한다. 그 문장에 이어지는 말을 새겨들어야 한다.

○ 대화를 듣고, 해당 프로그램에 관해 언급되지 않은 것을 고르시오.

Point 1. 대화를 듣고 주제에 대해 언급되지 않은 것을 고르는 문제다. ①~⑤번의 보기는 한글 보기로 나온다. 일치 불일치 문제는 앞에서도 말했듯이 보기 다섯 개에 대한 이야기가 순서대로 나온다. 앞에서부터 하나씩 나오는 이야기를 제하면서 듣는다. 단어 수준이 높지 않은 편이므로 3점짜리 문제로는 출제되지 않는 문제다.

○ 해당 행사에 관한 다음 내용을 듣고, 일치하지 않는 것을 고르시오.

Point 1. 앞의 문제와 마찬가지로 보기가 한글 보기로 나오는 일치 불일치 문제다. 보기에 대한 이야기가 순서대로 진행되므로 끝까지 확인해가며 읽는다.

○ 다음 대화를 듣고, 이 사람이 선택할 상품을 고르시오.

Point 1. 상품에 관한 옵션을 지워가면서 최종적으로 선택한 상품이 무엇인지 고르는 문제다. 앞 문제가 끝나고 새로 시작할 동안 카테고리를 간단히 묶어서 분류해둔다. 대화는 왼쪽 카테고리부터 분류하며 지워갈 수 있도록 오른쪽으로 진행되므로, 왼쪽 카테고리부터 마음에 들지 않는다고 말한 상품 먼저 지워가면서 듣는다.

○ 대화를 듣고 남자/여자의 마지막 말에 대한 남자/여자의 응답으로 가장 적절한 것을 고르시오.

Point 1. 대화를 듣고 남자의 마지막 말에 대한 여자의 응답 또는 여자의 마지막 말에 대한 남자의 응답을 고르는 문제다. 일반적으로 대화는 두세 문장으로 끝난다. 잠깐만 딴생각을 해도 대화를 놓치기 일쑤다. 이 두 문제는 다른 어떤 문제보다도 집중해서 들어야 한다. 문제지에 누가 응답하는 말을 들어야 하는지 성별에 확실히 동그라미를 그려놓고 집중해서 듣는다.

Point 2. 예전에는 수능 듣기 1번과 2번에 나왔던 문제 유형으로, 이 문제 두 개는 시제 문제다. 시제를 가장 중점적으로 들어야 한다. 특히 I'll(I will) 발음을 잘 익혀둬야 한다. 시제 문제는 미래형(~할 거야), 현재진행형(~하고 있는 중이다), 과거형(~했어), 현재완료(~해놨어) 시제로 대부분 출제된다. 어떤 시제를 묻는지 꼭 새겨들어야 한다.

○ 대화를 듣고, 남자/여자의 마지막 말에 대한 응답으로 가장 적절한 것을 고르시오.

Point 1. 3점짜리로 출제되는 문제다. 이 문항은 보기 옆에 반드시 짧게라도 중심 단어를 한글로 적어두고 푸는 것이 도움이 된다.

Point 2. 남녀별로 말하는 답을 고르는 문제로 누가 말하는 이야기를 마지막으로 들어야 하는지 문제에 표시해두고 집중해서 듣는다.

○ 다음 상황 설명을 듣고, A가 B에게 할 말로 가장 적절한 것을 고르시오.

Point 1. 반드시 3점짜리로 출제되는 아주 중요한 문제다. 보기 옆에 미리 한글로 키워드 해석을 짧게 적어두고 힌트를 순식간에 얻어서 푼다.

Point 2. 주된 내용이 고민 상담인 경우가 많다. 친구가 이런 상황에 빠졌을 때 당신이라면 뭐라고 조언해줄지 공감하며 듣고 상황에 맞는 조언을 골라야 한다. 한 가지 주의할 점은 수능은 미래의 희망인 학생들이 부정적인 조언을 해주길 원하지 않으므로, 답은 긍정적이고 희망적인 것으로 골라야 한다.

○ 다음을 듣고 물음에 답하시오. (2회 듣기)

Point 1. 16번은 주제를 묻는 문제지만 사실 주제보다는 제목을 묻는 것에 가까운 문제다. 독해 파트에도 등장하지만 주제를 묻는 문제보다 제목을 묻는 문제가 조금 더 까다로운 편이다. 풀어서 자세히 말하는 주제에 비해 제목이란 건 추상적일 수 있기 때문이다. 그래서 16번 보기 다섯 개에는 반드시 중심 단어를 한글로 한 단어씩이라도 적어두는 게 도움이 된다.

Point 2. 17번 문제는 앞부터 차례로 소거하면서 듣는다.

이런 식으로 수능 듣기평가는 문항의 유형이 정해져 있다. 수능 모의고사 문항의 독해 유형도 모두 마찬가지다. 그래서 고등학교에서는 모의고사 문항별 문제 풀이 방법도 따로 익혀둬야 한다. 영어 시험 70분 안에 긴 지문을 모두 읽고 풀기에는 시간이 빠듯하기 때문이다. 늦어도 중2부터는 꼭 고등 듣기평가를 준비하기를 권한다. 그리고 문제집은 듣기평가뿐만 아니라 딕테이션, 즉 받아쓰기가 꼭 포함된 문제집을 풀 것을 추천한다. 듣기 실력을 정말 제대로 키워주는 것은 그냥 듣는 것이 아닌, 듣는 것을 받아 적는 연습을 하는 것이다. 더불어 스펠링 연습도 되니 듣기를 통해 단어 학습도 가능하다.

그러자면 고등 듣기에 앞서 초중등 듣기가 중요하다. 적어도 초등학교 4학년부터는 영어 학습에 듣기를 병행하는 것이 좋다. 하지만 음원을 틀어놓고 그저 듣는 방법은 문장력이 완성되지 않은 상태에서는 큰 의미가 없다. 짧은 시간이라도 아이가 집중해서 문장을 듣는 방법으로 진행해야 한다. 초등 듣기 교재는 카페 듣기 자료실에 추천 교재와 듣기 교재별 단어 리스트 등의 자료를 올려두었으니 참고하길 바란다(QR코드 참조).

2 중2부터 시작하는 고등 모의고사 풀이 순서

나는 초등학생 아이를 키우는 양육자에게도 고등 입시나 대입에 관해 설명하는 편이다. 처음에는 벌써 그런 것까지 알아야 할까 하지만, 몇 번 듣다 보면 어느새 익숙해진다. 교육은 멀리 내다봐야만 시작 지점에서 각도를 정할 수 있다. 그러지 않고 모호하게 '그저 잘했으면…', '못하지만 않으면 되는데…' 하며 공부시키면 학년이 올라갈수록 아이의 공부 방향이 흐릿해진다. 그렇게 공부하면 초등학교 5~6학년 때 마음이 급해진다. 그런데 양육자의 마음이 급해진다고 아이도 함께 급해질까? 아이들은 그렇지 않다. 이미 지쳤거나 그때부터 제대로 시작하거나 둘 중 하나다.

빠르면 중학교 2학년부터, 늦어도 중학교 3학년부터는 반드시 고등 모의고사를 시작해야 한다. 그러려면 중등 입학 전에 수행평가를 위한 문장력은 이미 완성되어 있어야 한다. 수능 모의고사 영어는 절대평가로 100점 만점을 기준으로 볼 때 1등급(90~100점), 2등급(80~89점), 3등급(70~79점), 4등급(60~69점), 5등급(50~59점), 6등급(40~49점), 7등급(30~39점), 8등급(20~29점)이다. 고등 영어를 절대 중등 수준에서 생각해서는 안 된다. 중학교 지필평가와는 차원이 다른 영어가 고1에 시작된다. 고등학교 영어 난도만 평가하자면 다음과 같다. 0~100까지의 난도를 하에서 상까지 정리한 수치다.

고1 전국 모의고사	난도 20%
고2 전국 모의고사	난도 40%
고3 3월 전국 모의고사	난도 50%
고3 6월 평가원 모의고사	난도 80%
고3 9월 평가원 모의고사	난도 80%
고3 수능	난도 100%

위와 비교하자면 중학교 3학년의 영어는 난도가 10~15퍼센트 정도라고 볼 수 있다. 그럼에도 대부분 중학생은 당장 중학교 내신에만 매달려 공부하느라 고등학교 과정을 미리 공부하지 않는다. 고등학교 준비는 중학교 때부터 해야 한다. 그러기 위해서는 반드시 미리 고등 모의고사에 적응하는 기간이 필요하다. 미리 준비하지 않은 중학생은 고1부터 영어 실력에서 자신감을 잃는 경우가 많다. 모의고사는 내신 시험과는 유형이 판이하기 때문이다.

앞에서는 1번에서 17번까지 듣기평가 문제 유형과 풀이 방법을 기술했다. 여기서는 모의고사 문제별 유형과 문제 풀이 순서를 설명하고자 한다. 여기서 말하는 문제 풀이 순서란 1~17번의 듣기평가를 마치고 18~45번까지 번호 순서대로 푸는 것을 말하는 게 아니다. 문제 유형별로 먼저 풀어두어야 할 문제들이 있다. 나중에 영어 등급이 안정되어서 평균적으로 2등급 이상이 나오면 그때부터는 앞에서부터 문제를 순차적으로 풀어도 상관없다. 하지만 시간 분배가 관건인 수능 영어 모의고사에서는 번호별로 문제 유형을 나눠서, 맞힐 가능성이 큰 문제부터 풀어나가는 방법을 사용해야 한다. 이 연습을 중학교부터 해둬야 고등학교 1학년 첫 모의고사에서 당황하지 않고 모의고사 문제를 풀 수 있다.

몇 년에 한 번씩 출제 유형이 한두 개씩 바뀔 때도 있지만 10년 전이나 지금이나 수능 모의고사 출제 문제 유형은 매년 거의 같다. 그러니 모의고사를 미리 풀어보면서 이 문제가 묻고자 하는 것이 무엇인지를 알아야 한다.

그리고 모의고사를 처음 접하는 학생들이라면 18~28번까지 비교적 쉬운 문제와 41~45번을 먼저 푼 후에 29~40번의 고난도 문제를 풀어야 한다. 영어 모의고사는 시간 분배가 관건이므로 고난도 문제에 발이 묶여서 두세 번씩 읽다가는 맞힐 수 있는 쉬운 문제들마저 읽을 시간이 없어서 모두 틀릴 수 있다. 고난도 유형의 출제 배점은 24~28점 사이이므로, 영어 모의고사는 무엇보다도 듣기평가 공략을 최우선으로 삼고 쉬운 유형부터 맞혀나가면 3등급까지는 어렵지 않게 도달할 수 있다.

▶ 2023학년도 대학수학능력시험 기준 문제 유형

1~17번 듣기평가
18번 예시 글의 목적: 주제 문제
19번 심경 변화: 어휘 문제
20번 주장: 주제 문제
21번 단어의 의미 추론: 문맥 추론 문제
22번 요지: 주제 문제
23번 주제: 주제 문제
24번 제목: 주제 문제
25번 도표: 일치 불일치 문제
26번 소거: 일치 불일치 문제
27~28번 안내문의 소거: 일치 불일치 문제
29번 어법: 문법 문제
30번 낱말의 쓰임: 문법 문제
31~34번 빈칸: 문맥 추론 문제
35번 글의 일관성: 문맥의 통일성 문제
36~37번 순서 배열: 연결사, 통일성 문제
38~39번 삽입: 연결사, 통일성 문제
40번 요약문: 연결사, 주제, 통일성 문제
41번 제목: 주제 문제
42번 문맥 추론: 어휘, 문법 문제
43번 순서 배열: 연결사, 통일성 문제
44번 대명사: 지칭 추론 문제
45번 소거: 일치 불일치 문제

고난도 출제 범위
12문항
배점: 24~28점

앞에서도 설명했듯이 1~17번은 듣기평가다. 독해는 문제 유형별로 다음과 같이 분류할 수 있다.

- 주제 문제: 18번, 20번, 22번, 23번, 24번, 41번

- 어휘 문제: 19번, 42번●

- 일치 불일치 문제: 25번, 26번, 27번, 28번, 45번

- 지칭 추론: 44번

- 순서 배열: 36번, 37번, 43번

- 글의 일관성/삽입: 35번, 38번, 39번

- 요약문: 40번

- 단어의 의미 추론/빈칸: 21번, 31~34번

- 문법 문제: 29번, 30번, 42번●

● 42번은 어휘 문제로 출제될 때도 있으나 2024학년도 대학수학능력시험에서는 2점짜리 문법 문항으로 출제되었다.

비교적 난도가 낮은 순서로 앞에서부터 적은 것이니, 처음 모의고사 유형을 공부할 때는 위 유형의 순서대로 지문을 공부하고 풀이법을 공략하는 것도 좋은 방법이다.

곧 수능을 치러야 하는 고등학교 2~3학년인데도 영어 문법의 기초 파트도 아직 공부가 되어 있지 않은 상태라면, 단어를 많이 암기하고 영어 공부에 시간을 많이 들이는 것 말고는 방법이 없다. 하지만 이제 모의고사 공부를 하기 시작하는 중학생이라면 모의고사를 유형별로 공부해나가는 것이 수능 외국어영역뿐만 아니라 언어영역에도 도움이 된다. 언어영역의 비문학 파트에서 묻고자 하는 것도 영어의 그것과 크게 다르지 않기 때문이다.

주제 문제

목적, 요지, 주장, 제목을 묻는 문제는 모두 주제를 묻는 문제다. 주제를 묻는 문제에서 가장 중요한 것은 핵심 소재 단어를 파악하는 일이다. 예를 들어 '환경오염은 건강에 해롭다'라는 주제의 문장에서 뽑아내야 할 핵심 소재 단어는 '환경오염'이다. 즉 환경오염에 관해 이야기하고 있는 글이다. 주제 문장에는 반드시 핵심 소재 단어가 포함되어 있다. 그리고 핵심 소재 단어는 거의 주어 자리에 들어 있는 명사인 경우가 많다. 이렇게 핵심 소재 단어를 파악했다면 그 단어에 대해 긍정적인 이야기를 하고 있는지(+), 부정적인 이야기를 하고 있는지(-) 파악한다. 그리고 빈 공간에 한글로 핵심 소재 단어를 쓰고 옆에 +, - 표시를 해두는 습관을 들인다. 이 방법은 주제 문제뿐만 아니라 고난도 출제 범위에 있는 빈칸 추론, 순서 배열, 요약문 모두에 적용된다. 핵심 소재 단어가 문장에 포함돼 있고 긍정/부정의 색깔이 같은 답이 정답이다.

어휘 문제

어휘량을 판단하는 문제다. 외국어 학습에서 단어 암기는 수능 전날까지도 암기를 반복해야 하는 중요한 사항이다. 문맥을 설명하기에 적절한 단어를 고르는 문제이므로, 지문이나 예시에 제시된 단어의 뜻을 모른다면 문제를 풀 수가 없다. 3점짜리 고난도 문제로 나오는 문제 유형은 아니나, 단어 암기만 꾸준히 한다면 충분히 맞힐 수 있는 문제들이라 평소 단어 암기를 얼마나 성실하게 해왔는지가 관건이다.

일치 불일치 문제

일치 불일치 문제에서는 ①~⑤에서 제시된 글들을 먼저 읽고 위에서부터 하나하나 소거해가면서 풀면 된다. 수능이 100일도 남지 않은 고3에게는 ①~⑤ 중에서도 어느 쪽에 정답 확률이 더 높으니 그쪽부터 읽으라고 알려준다. 하지만 문제 풀이법을 처음 배우는 학생들은 순서를 짚어가며 하나씩 소거하는 방법을 먼저 배워두는 것이 더 현명하다.

대명사 문제

43~45번은 하나의 장문으로 구성된 문제에 포함된 문제이므로, 먼

저 45번 일치 불일치를 소거하면서 한꺼번에 대명사가 가리키는 정확한 인물을 함께 찾으면 된다.

순서 배열

주어진 글을 읽고 다음에 이어질 내용을 순서대로 배열하는 문제다. 순서 배열에서 가장 중요한 것은 연결사와 지시사, 정관사, 대명사다. 그래도 주요 키워드는 골라서 옆의 빈 곳에 한글로 쓰는 습관을 처음부터 들이는 것이 좋다. 순서를 나열해야 하는 세 문단 중에서 이것, 저것, 그것, 그래서, 그럼에도 불구하고 등 앞에서 어떤 것이 제시되지 않고서는 등장할 수 없는 단어를 먼저 찾아 순서상 뒤로 배치하면서 풀어야 한다.

글의 일관성 / 삽입

순서 배열과 마찬가지로 주어진 문장을 먼저 읽고 그 안에서 힌트를 찾아낸 후에 문제를 푸는 것이 중요하다. 연결사와 지시사, 정관사, 대명사가 없는지 확인하고, 키워드도 반드시 찾아둬야 한다. 그리고 키워드에 관해 긍정적인 이야기(+)를 하다가 부정적인 이야기(-)로 글의 흐름이 바뀌기도 하므로, 이야기가 크게 전환되는 부분을 찾아서 긍정/부정의 색깔에 맞는 부분에 제시된 글을 끼워 넣어야 한다.

요약문

긴 글을 요약한다는 것은 곧 주제 문장을 뽑아낸다는 말이다. 주제 문장에서 주요 포인트가 되는 키워드를 빈칸으로 비워두고 찾으라고 하는 경우가 많으므로, 제시된 긴 글에서 (+)와 (-) 같은 형식으로 글의 흐름을 체크해가면서 어떤 단어가 요약문에 들어가는 것이 맞는지 색깔에 맞춰 단어를 선택해야 한다.

단어의 의미 추론/빈칸

수능 영어에서 가장 고난도 파트에 나오는 유형으로 오답률이 높다. 단지 빈칸에 들어갈 단순한 단어를 찾는 것을 넘어 앞뒤 내용을 읽고 문맥을 추론해야 한다. 무엇보다도 독해 추론 능력이 요구되는 파트다. 빈칸 유형 역시 앞 문장과 뒤 문장에 이어지는 (+)와 (-)의 색깔을 파악하는 능력이 관건인데, (+)와 (-)는 문장과 문장 사이에서도 이어지지만 단어들 사이에서도 흐름이 징검다리처럼 연결된다. 빈칸 유형을 잘 맞히려면 언어영역의 비문학 문제들이나 영어 지문의 한글 해석을 놓고 (+)와 (-)의 색깔을 구분하는 연습을 우선해야 한다.

문법 문제

다행인지 불행인지 수능 문제에서는 영문법을 많이 묻지 않는다. 어휘 문제가 출제되는 것과 마찬가지로 문법 문제도 중학교에 마쳤어야 할 사항들을 잘 숙지했는지 확인하는 정도다. 문법은 중학교 때 미리 확실히 암기하고 소화해두는 것이 고등 내신과 수능을 위해 유리하다.

PART
7

공부 효율을
완성하는 자신감

초등학생은 실제로 못해도 상관없다. 남들이 인정하지 않아도, 혼자 잘한다고 생각하는 착각이어도 좋다. 어쨌거나 자신이 잘한다고 믿는 아이가 중학교에 진학한 후 <u>스스로 공부하는 아이가 된다.</u> '대입은 결국 도미노'라는 말처럼 고등학교 공부의 바탕은 중학교 공부가 전부라고 해도 과언이 아니다. 그러니 고등학교에 입학하기 전에 중학교에서 공부했던 기초 내용을 모두 알고 있어야 한다. 그래야 고등학교 때부터 시작하는 응용 과정에 그 내용을 다 활용할 수 있다. 결국 중학생 때 <u>스스로 기초 과정을 쌓을 수 있는 힘은 초등학교 때 쌓아 올린 자신에 대한 믿음과 공부에 대한 자신감에서 나온다.</u>

메타인지로 발전하는
공부 자신감

초등학교 5~6학년에 함양되는 공부 자신감은 그때까지 쌓아 올린 지식의 양과는 비교할 수 없이 중요하다. 다만 이 자신감은 아이가 스스로 노력하는 과정에서 만들어진 것이어야 한다. 아직 어린 나이에 어딘가에서 본 시험의 숫자로 스스로를 평가하는 버릇을 들이면 중학생이 되기도 전에 공부 자신감이 아니라 자만감이 형성될 수 있다.

오늘날 영어 사교육은 저학년의 어린아이들까지도 공부를 채 시작하기도 전에 서로의 점수를 평가하고 등급을 매기는 실정이다. 살고 있는 아파트도, 아빠 차도, 영어 레벨도, 다니는 수학 학원도, 국어 학원도 아이들의 인식 속에는 이미 등급과 레벨별로 구분이 되어 있다. 그렇기 때문에 아이가 자신의 실력을 어떤 방식으로 비교하는지 확인해봐야 한다. 자신의 어제와 오늘을 비교하는가? 아니면 옆 친구와 자신의 점수를 비교하는가? 아이가 자신의 실력을 인지하는 기준을 확인하는 것은 성적을 확인하는 일보다 훨씬 중요하다.

요즘 아이들이 생각하는 등급은 스스로 노력해 이뤄낸 성취의 등급이라기보다 단지 남과 비교해서 자신의 위치를 파악하는 등급에 지나지 않는다. 그러나 초등학생은 자신이 가진 특별함과 장점을 바라봐야 할 나이다. 남과의 비교 우위보다 스스로가 일궈낸 성취의 중요성을 배워가는 것이 정말로 중요한 시기인 것이다. 이때 만일 양육자 말고도 아이의 특성과 공부 속도의 차이를 놓고 개별성에 맞게 지도해줄 어른이 있다면 아이에게 상당한 조력자가 될 수 있다.

아이들에게는 자신의 공부 과정이 꾸준히 성장하는 중이라고 격려해줄 어른이 필요하다. 양육자의 육아와 학교·학원에서의 교육은 다른 영역이다. 부모든 선생님이든 어느 한 어른이라도 바른 기준으로 아이를 가르친다면 아이도 바른 시각으로 공부 기준을 세울 수 있다. 친구와의 비교 우위를 평가한 레벨보다 아이에게 자신의 성장 과정을 꾸준히 알려주는 것이 무엇보다도 중요하다.

이제 막 문장의 기초를 시작하는 동생들이 문장 쓰기를 어려워할 때, 나는 수업 시간에 영어 문장력을 쌓은 지 3년 이상이 된 상급 학년 아이들에게 한 번씩 도와주라고 얘기한다. 그렇게 하면 가르치는 아이가 내용을 제대로 알고 있는지도 옆에서 들으며 확인할 수 있고, 이제 막 배우기 시작하는 아이가 도움을 받고 어떤 반응을 보이는지도 관찰할 수 있다.

제 일처럼 친절하게 가르쳐주는 아이가 있는가 하면, 아는 내용이라도 자기만 알고 나누기 싫어하는 아이도 있다. 또 배우는 아이도 형, 누나가 알려줘서 고맙다며 열심히 하려는 경우가 있는가 하면, 잘 알지도 못하면서 훈수를 둔다며 싫은 내색을 하는 경우도 있다. 약간 서당 훈장님 같지만 나는 아이가 가진 도덕의 크기보다 가진 지식의 크기가 더 커지면 오만함을 먼저 배운다고 생각한다.

방학에는 특강만 들으러 잠시 다녀가는 학생들이 있다. 그 학생들이 선생님에게 자신을 어필하는 방법을 보면 그동안의 공부 방법을 짐작할 수 있다. 쉬운 것부터 하나씩 과정을 밟아온 아이들은 과정을 중시하는 사고에 익숙해져 있다. 그래서 오늘 내일 달라지는 실력을 자신 있게 자랑한다. 어제의 자신과 비교하는 것이다. 하지만 과정의 중요함을 느끼지 못했던 아이들은 남보다 높은 수치나 점수를 주로 자랑한다. 그리고 그런 아이들은 쉬운 것을 제대로 아는지 확인하는 과정을 못 견디고 지루해한다. 자신이 안다고 생각하는 내용을 다시 테스트하는 게 싫은 것이다.

"오늘은 컨디션이 별로 안 좋았어요."

아주 쉬운 기초 내용을 확인한 결과가 50점일 때 아이들이 자주 하는 말이다. 초등학교 5~6학년 때는 반드시 기초를 꼼꼼하게 점검해야 한다. 하지만 그 필요성을 아이들이 느끼지 못하는 것은 말할 것도 없고, 양육자들조차 모르는 경우도 많다.

특히 초등 고학년의 자녀를 둔 양육자에게 꼭 전하고 싶은 이야기가 있다. 공부 자신감이 높은 아이가 훗날 공부를 더 잘한다는 것이다. 여기서 말하는 공부 자신감이란 결과를 놓고 판단하는 것을 얘기하는 게 아니다. 과정에서 자신이 틀릴 수도 있다는 것을 아이가 인지하는 것, 틀려도 다시 하면 된다고 생각할 수 있는 힘, 그것이 공부 자신감의 핵심이다. 입시 결과는 성적으로만 만들어지지 않는다. 초등학생은 스스로에 대해 건강한 사고를 할 줄 아는 것이 공부보다 훨씬 중요하다. 이제 막 시작점에 선 아이들이다. 지금은 잘못해도 된다. 지금 못해도 앞으로 충분히 성장할 수 있다. 무엇보다도 아이가 그것을 알아야 한다.

아이들에겐 무엇이든 스스로 바꿀 힘이 있다. 그 힘을 경험해본 아이는 자신을 건강하게 바라보면서 하나씩 바꿔나간다. 하나씩 바꿔나가는 방법을 배우는 것이 가장 중요하다. 하나씩 차근차근 해결해나가는 방법을 모르는 아이는 열 개를 한꺼번에 바꾸려다가 제풀에 지쳐 쓰러진다. 중학교에 올라가면 그렇게 공부를 포기하는 아이가 무작위로 늘어난다.

영어는 우리나라 학생들의 인생에 아주 큰 자리를 차지하고 있다. 어릴 때부터 영어를 공부하느라 국어 공부를 등한시해 한글 문해력이 떨어진 아이들을 많이 본다. 많은 아이가 영어를 암기와 시험으로 인식하며 힘들어한다. 초등학생은 영어 학원의 많은 숙제에, 중학생은 공부를 꼭 하는 이유에 대한 의구심에, 고등학생은 나름 공부한다고 해도 마음만큼 나오지 않는 성적에 힘들어한다.

나는 아이들에게 영어 공부가 목표가 아닌 과정이었으면 한다. 자신이 꿈꾸는 세상에 조금 더 편리함을 줄 수 있는 하나의 도구이

길 바란다. 자신의 목표를 향해 나아가는 어떤 과정에서도 영어 때문에 주춤거리며 시간을 허비하지 않게끔, 지금 해놓는 공부가 훗날 아이의 꿈에 큰 도움이 되었으면 좋겠다.

영어는 그 자체로 목적이 되어서는 안 된다. 어디까지나 아이들이 성장하며 배우는 많은 과정 중 하나에 지나지 않아야 한다. 어느 나이의 아이에게도 영어가 세상의 중심은 아니었으면 한다. 그저 재미있고 흥미로우며 참 편리한 도구라고 생각하고 사용할 정도의 위치면 좋겠다.

아이가 실제로 영어를 잘하든 못하든 아직 초등학교 3~4학년 정도라면 양육자의 판단은 잠시 접어두자. 그리고 아이가 스스로 참 잘하고 있다고 착각하면서 뿌듯해하는 과정을 지켜보며 기다려주자. 5학년도, 6학년도 그리고 중학생도 아직 아이고 어리다. 아이들에겐 아주 작은 것이라도 자신이 무언가를 바꿀 수 있다는 믿음을 갖는 게 중요하다. '내가 무엇인가를 노력하면 결국 성취하는 사람이구나'라고 인지할 수 있게끔 시간과 기회를 주자.

아이의 성향에 따라 다른 아이보다 몇 개월, 몇 년이 더 걸릴 수도 있다. 하지만 몇 개월, 몇 년이 지나도 여전히 10대일 어린아이다. 어른들이 조급함을 조금만 내려놓는다면 잘못된 공부 자만심에 사로잡힌 아이나 부족한 공부 자신감으로 힘들어하는 아이들이 지금보다는 훨씬 줄어들 것이다.

'내가 너보다 잘해'가 아니라 '나, 지난 시간보다 더 잘하는데?'여야 한다. 그러면서 공부가 재미있어지기 시작하는 것이다. 그런 과정을 배운 학생은 훗날 고등학교에 진학해서 한 시간 공부로 10시간의 효과를 뽑아낼 수 있다. 자신이 모르는 것을 차곡차곡 채워왔던 시간이 자신이 무엇을 알고 무엇을 모르는지 판단할 힘을 주었기 때문이다. 그것이 다름 아닌 '메타인지'다.

2

초등학생들이 스스로 공부하게 만드는 힘

"애가 시켜도 공부를 안 해요."

하지만 그 이유는 아마도 '시키기' 때문일 것이다. 공부는 스스로 하고 싶어야 한다. 스스로 답답해야 한다. 스스로 알고 싶어지면 누구라도 공부한다. 그래서 공부에도 밀당이 필요하다. 너무 들이대서 지겨워지도록 만들면 안 된다. 줄듯 말듯 아이가 필요한 부분을 살피고 스스로 아쉬워질 때까지 기다리는 인내가 필요하다.

내가 가르치는 학생들은 결석률이 아주 낮다. 가족 행사나 여행 등으로 학원에 못 오게 되어 미리 보강을 잡아두는 경우를 제외하고는 학생이 가기 싫다고 해서 오지 않는 경우는 거의 없다. 숙제와 시험 부담이 따로 없다는 것도 큰 역할을 하고, 학원에 와서도 틀리거나 모른다고 해도 되니까 그 역시 부담을 덜어주는 모양이다. 오히려 수업을 빠지는 걸 싫어해서 여행가는 날 학원에 먼저 들렀다가 여행지로 출발하면 안 되냐고 물어보는 경우도 있었다.

의아한 일처럼 보이겠지만 그 이유는 아이가 스스로 느끼는 성취감 때문이다. 그리고 성취감에는 중독성이 있다. 인간사에서 마주할 수 있는 여러 가지 중독 중에 가장 달콤하고 긍정적인 중독이 바로 '성취감'에 중독되는 것이리라. 학원에 하루도 빠지지 않겠다는 건 아이들이 그만큼 공부를 즐겁게 생각한다는 뜻이 아닐까? 초등학교 때 성취의 쾌감을 알게 된 아이는 공부를 어떤 재미로 하는 것인지 다른 친구들보다 훨씬 깊게 이해한다. 이른바 '공부를 엉덩이 힘으로 한다'라는 말은 공부에 재미를 붙인 아이들을 일컫는 것이다.

물론 성취감을 북돋아주는 것이 어려운 학생들도 있다. 무엇인가를 스스로 해본 적이 없는 아이들, 대부분 어려운 일은 엄마를 부르면 해결되곤 했던 아이들의 경우 스스로 고민하고 생각해서 자기 힘으로 문장을 만들어내는 것을 힘들어한다. 생각하는 것이 귀찮아서 금방 선생님을 부르고 대신 답해달라고 자주 요청한다. 그런 학생들을 관찰한 결과, 양육자가 아이의 감정까지 나서서 보호하는 경향을 보였다. 수고로움을 견디기 전에 받는 것에 더 익숙해진 것이다.

아이들의 감정은 보기보다 힘이 세고 강하다. 아이 스스로 여러 감정들을 많은 친구와 사람들을 만나며 느껴보고 지나가야 한다. 그런데 양육자가 나서서 아이가 스스로 느껴야 할 모든 감정을 대신 느낀다면 아이는 감정에 취약해질 수밖에 없다.

하지만 대부분 아이는 스스로 성장해가며 공부의 힘을 쌓아가는 과정을 즐긴다. 내가 가르치는 학원에는 초등학교 3학년 때 처음 영어 학습을 시작하는 경우가 많다. 1~2학년에 국어 학습을 먼저 권하기 때문인데, 그 어떤 학생도 처음부터 스스로 생각해서 공부하는 게 익숙하지는 않다. 하지만 그 적응 기간은 대부분 한 달을 넘기지 않는다. '아, 내가 스스로 문장을 만드는 거구나', '내가 하기 전에 선생님이 먼저 답을 알려주는 건 아니네', '틀려도 일단 하고 나면 그때 왜 틀렸는지 말해주는구나', '틀려도 안 혼나네?' 등등 아이들도 스스로 지켜보고, 판단하고, 적응하는 과정을 거친다. 그 과정에서 자기 공부는 스스로 해야 한다는 규칙을 배운다.

그렇게 1년 이상 스스로 공부하는 버릇이 들면 아이들은 다른 과목에서도 스스로 공부하는 것이 자연스러워진다. 어른들이 꾸준한 관심으로 인내하며 과정을 지켜보면 아이는 스스로 할 수 있음을 천천히 깨닫는다. 그 깨달음은 무엇과도 바꿀 수 없는 비료가 되어 아이들의 자신감을 성장시킨다.

학원에서 나는 중학생은 말할 것도 없고 초등학교 6학년들과도 앞으로의 진로에 관해 많이 이야기한다. 특히 면학 분위기가 잘 형성된 고등학교에 가야 하는 이유에 대해 수업 시간에 자주 이야기하는 편이다. 대학은 어디까지나 성인이 다 된 나이에 스스로 선택하는 것이지만, 고등학교 시절은 생각보다 아이들의 인격 형성에 큰 영향을 미치는 시기다. 고등학생부터 중학생, 초등학생까지 모두 가르치면서 체득한 사실이다.

그래서 좋은 고등학교에 가기 위해 왜 지금부터 열심히 공부해야 하는지, 중학교 시절이 왜 중요하며 지금부터 미리 공부해두는 것이 중학교 성적에 어떤 영향을 미치는지 자주 말해준다. 그런 이야기를 들은 아이들은 스스로의 힘을 시험해본다. 그간 하나씩 공부 자신감을 형성해오던 아이들이 고학년부터는 현실에서 자신의 가능성을 조금씩 넓혀가는 것이다.

가끔씩 6학년들이 선생님과 하는 이야기를 옆에서 공부하고 있는 저학년들이 함께 듣기도 한다. 나는 이런 기회를 놓치지 않고 계속 열심히 하면 형, 누나, 오빠, 언니들처럼 영어를 잘하게 될 거라는 이야기도 해주고, 훗날 좋은 고등학교에 갈 수 있다는 말도 곁들인다. 아이들은 그럴 때마다 진심으로 다짐하곤 한다. 아직 초등학교 1~2학년인 어린아이가 어느 고등학교에 가겠다며 스스로의 미래를 꿈꾸기도 한다.

결국 공부는 아이들의 의지로 해야 한다. 하지만 물을 그냥 두면 식어버리듯 아이들도 그냥 두면 스스로 공부하지 않는다. 저학년 때는 부담 없이 서서히 조금씩만 온도를 높여주되, 고학년 때는 화력을 최고치로 높여서 팔팔 끓이기 시작해야 한다. 그때까지 공부가 지겹지 않았던 아이들은 조금만 방향을 잘 잡아주면 공부를 왜 해야 하는지 스스로 생각하고, 스스로 하겠다고 결심한다. 그 단순함이 아이를 아이답게 만들어준다. 저학년 때부터 이미 세상 다 산 노인 같은 말을 하며 아무것도 하기 싫다는 아이를 만들어서는 안 된다.

3 초등 5~6학년은 공부 연비를 높이는 기간

초등학교 5~6학년은 앞으로 이어질 6년과 그 끝에 기다리는 대입이 시작되는 출발선이다. 이 출발선에서 가장 중요한 건 다른 아이들보다 한발 앞서 뛰어나가는 게 아니다. 오히려 멈춰 서서 앞으로 6년 동안 얼마만큼의 노력으로 꾸준히 공부할 수 있는지 숨을 고르는 시간을 갖는 것이다. 중3부터 고등학교 시절까지 빛을 발할 수 있도록 아이의 공부 연비를 먼저 높여주는 것이 중요하다.

아이가 지금 초등학교 고학년이라면 앞으로 공부를 얼마나 시켜야 할지 모르는 불안감에 조급해질 수 있다. 하지만 이 시기에 무작정 엄청난 공부량으로 밀어붙이는 영어 학원에 가라고 재촉하기 전에, 먼저 아이의 기본기를 점검해줘야 한다.

공부 머리는 5학년 때부터 봄날의 꽃이 피듯이 개화한다. 모든 아이가 보여주는 예외 없는 공통 사항이다. 그러니 아이가 5학년이라면 꼭 한 번 아이를 멈춰 세우고 공부의 순서를 정비해주자. 5~6학년 2년과 그 뒤에 이어질 6년의 레이스가 시작되는 중요한 순간이니 공부도, 아이의 마음도 이때는 반드시 살펴주어야 한다.

5~6학년에 공부 자신감과 공부 방법을 터득한 아이는 그때부터 남과 비교한 자신의 순위를 크게 개의치 않는다. 그때까지는 무엇을 아는지 모르는지 친구들과 비교하기 바빴다면, 5학년 무렵부터 공부 방법을 터득한 아이는 스스로를 이해하기 시작한다. '내가 몰랐던 거구나' 하고 말이다.

5학년부터 보름달처럼 차오르는 자의식은 친구와의 비교를 떠나 내가 아는 것이 중요하다는 사실을 깨닫게 한다. 그래서 이 시기에 아이에게 공부 방법과 공부에 대한 인식을 제대로 만들어주는 것이 무엇보다도 중요하다. '몰라도 돼. 공부 못해도 상관없어!'가 아니라 '모르는 게 부끄러운 것이 아니었구나. 이렇게 하면 알게 되는구나!' 하고 공부에 대한 관점을 전환해 스스로에게 기회를 주는 계기를 만드는 것이다.

'나도 하면 되는구나!'는 사실 초등학생에게만 국한된 깨달음은 아니다. 성인도 30년, 40년을 넘게 살고도 늦지 않았다며 무언가를 시작할 때 응원을 받는다. 하지만 요즘 아이들의 세상에는 시작도 하기 전에 스스로 늦었다고 느끼게끔 만드는 교육 방법이 성행하고 있다. 그러니 아이가 초등학교 고학년이라면 우선 양육자가 급한 마음을 내려놓는 것이 필요하다.

고학년 아이가 맞이할 미래를 불안해하는 마음은 충분히 이해한다. 하지만 중학교 공부는 그렇게까지 심하게 몰아붙이지 않아도 되는 난도다. 중학교 과정은 앞에서도 말한 것처럼 기초가 가장 중요하다. 영어도, 국어도, 사회도, 과학도, 심지어 한자도 기초부터 튼튼히 해야 한다. 중학교 3학년부터 고등학교로 이어지는 심화 학습을 시작하기 전에 기본기를 다지는 시기가 바로 중등 과정이다.

지금은 어려운 내용을 잘 소화하는 것처럼 보일지 몰라도, 기초가 부실한 채로 진행했다면 언젠가는 탈이 나기 마련이다. 건물을 짓는 것도, 공부하는 것도 마찬가지다. 초등학교 5~6학년은 지금까지와는 공부 머리가 확연히 달라지는 때이니 그 시기에 꽃처럼 피어나는 공부 머리를 알차게 사용할 수 있도록 도와줘야 한다. 이에 대한 몇 가지 팁을 제안한다.

- 방향을 제시하고 조언해주되 급하게 공부를 강요하지 말자.
- 사춘기가 시작되는 시기이니 마음을 보듬어주자. 다른 일로 힘들지는 않은지 자주 물어보자.
- 아이와 여행을 많이 다니자. 아이가 중학생이 되면 친구들과 더 놀고 싶어 한다.
- 어떤 운동이든 공부와 병행하게 하자. 운동을 병행한 아이가 훗날 성적도 더 좋다.
- 공부 문제로 화내거나 혼내지 말자. 5학년은 오히려 아이가 하겠다고 말하는 시기다. 스스로 하겠다는 말이 나오도록 유도해야 한다.

- 관심사를 공유할 수 있도록 대화를 자주 나누자. 중고등 공부를 마치고 무엇을 하고 싶은지 미래에 대한 꿈이 온전히 자리를 잡으면 공부가 필요하다는 걸 아이가 먼저 느낀다.
- 과목별로 하루에 얼마나 공부하는 것이 적당할지 아이와 같이 상의해보자. 스스로 종이에 적게 하고 그대로 실천하게 하자. 긴 시간 동안 공부하는 것보다 짧은 시간이라도 꾸준히 효율적으로 공부하면 실력이 늘 수 있다는 것을 아이가 느껴야 한다.

초등학교 5~6학년 2년의 학습 정비가 대입 완성의 기초가 된다. 고등학교 입시 지도부터 시작해서 지금까지 초중등 아이들을 가르치며 쌓인 경험으로 볼 때, 정말로 이 시기를 어떻게 보내는지에 따라 훗날 공부 마인드와 그에 따른 입시 결과가 달라진다. 그리고 아이가 건강한 마인드를 갖추도록 충실하게 정비하려면 이미 그전에 많은 양의 공부와 숙제에 질려 있지 않아야 한다.

4

공부 잘하는 아이 말고
공부 잘한다고 생각하는 아이

스스로 가난하다고 믿는 것이 가난을 부른다고 한다. 어쩌면 공부도 같은 이치가 아닐까. 스스로 공부를 못한다고 생각하는 아이는 공부를 못하는 방향으로 자신을 만들어간다. 못한다는 말로 가능성을 제한하고 그 말 뒤에 숨는다. '원래 못하니까 안 해도 된다' 또는 '원래 못하니까 해도 소용없어'라고 생각하는 것이다. 공부 자신감이 사라지는 것은 단순히 자신감만 되찾으면 되는 간단한 문제가 아니다. 한번 강하게 박혀버린 스스로에 대한 인식은 쉽게 바뀌지 않고 그때부터는 안 해도 되는 구실을 만들기 시작한다. 그러니 아이에게 왜 못하느냐고 묻는다면 이는 아이가 숨어들 피난처를 제공해주는 것이나 다름없다.

초등학생에게 절대로 해서는 안 되는 말이 있다. 바로 '이것도 몰라?'다. 이 말은 듣는 즉시 아이의 귀에 '아, 나는 이것도 모르는구나!'로 각인된다. 그리고 이 말을 '나는 해도 안 된다'라는 핑계로 사용하기 시작하면, 훗날 공부가 아닌 인생의 다른 영역에서도 똑같이 핑계 댈 수 있다.

그러니 처음부터 잘하는 사람은 없었다는 사실이 초등학교 때 배워야 할 가장 큰 공부다. 이 책 저 책 많이 읽는 것보다, 단어를 수백 개 외우는 것보다 과정을 통해 변화할 수 있다는 사실을 배우는 것, 나는 이것이 초등 학습에서 가장 중요하다고 생각한다. 모든 가능성이 열린 세상에 사는 아이와 시작도 하기 전에 못한다는 핑계 뒤로 숨는, 닫힌 세상에 사는 아이. 어떤 아이의 인생이 더 흥미진진하고 재미있을지는 깊이 생각해보지 않아도 짐작할 것이다.

공부를 잘하는 아이를 만드는 게 나쁘다는 것이 아니다. 우선순위가 무엇이어야 할지 말하는 것이다. 선생님도 처음에는 못했는데 잘하게 된 거라며 그 과정을 말해주면 모든 아이들이 놀란다. 아이들은 결과 너머에 숨은 과정이 있었다는 것을 볼 수 있는 혜안이 아직 없다. 그러니 누구에게나 존재했던 미숙한 시작과 과정에 대해 더 많이 이야기해주자. 영어를 무척 잘하는 선배가 처음에는 너보다도 못했었다고 말해주면 아이들은 갑자기 자신감이 생긴다. 그리고 자기도 하면 그렇게 될 수 있다고 믿기 시작한다. 열에 아홉은 "그럼 나도 열심히 해야지!" 하고 소리 내어 말한다.

시간이 쌓이면 결국 잘하게 된다고 믿게끔 만드는 것이 중요하다. 그 믿음이 반드시 초등학생 시절에 형성되어 중학생이 되고 나서도 마음속 깊이 자리해야 한다. 과정의 힘을 믿는 초등학생, 중학생이 결국 대입에서도 성공한다.

요즘 중학교 교실에는 이미 공부에 지친 아이들이 많다. 그래도 아이들은 여전히 잘하고 싶은 마음에 나름대로 열심히 공부한다. 하지만 왜 잘하고 싶은지, 왜 열심히 해야 하는지 의구심 없이 공부하는 중학생은 드물다. 그 나이에 갖는 당연한 생각이다. 그런 의구심을 가지고도 재미없는 공부를 열심히 했는데 결과가 좋지 않다면 굳이 노력까지 해야 하나 생각할 것이다. 또는 나름 만족한 결과를 받았는데도 주위 어른들이 결과에 흡족해하지 않는 모습을 보이면 실망시켰다는 자책감에 자신감이 다시 건포도처럼 쪼그라들 것이다. 그러니 초등학교 5~6학년과 중학교 때는 기초를 충실히 다지는 과정이 자신을 성장시킬 것이라는 믿음을 채워나갈 수 있도록 옆에서 도와주어야 한다.

아이들은 스스로 할 수 있다고 믿으면 하고, 못한다고 믿으면 하지 않는다. 대입을 결정하는 건 결국 초등에서 중등으로 이어지는 기간의 자아 형성이다. 공부량보다 멘털이 중요해지는 시기가 반드시 온다. 초등학생은 실제로 못해도 상관없다. 남들이 인정하지 않아도, 혼자만 잘한다고 생각하는 착각이어도 좋다. 자신이 잘한다고 믿는 아이가 중학교에 진학한 후 스스로 공부하는 아이가 된다.

대입은 결국 도미노라고 했던 말처럼 고등학교 학업의 바탕은 중학교 공부가 전부라고 해도 과언이 아니다. 그러니 고등학교에 입학하기 전에 중학교에서 공부했던 기초 내용을 모두 알고 있어야 한다. 그래야 고등 과정부터 시작하는 응용에 그 모든 내용을 다 활용할 수 있다. 그리고 중학생 때 스스로 기초 과정을 쌓으며 이해하고 암기하게 만드는 힘은 초등학교 때 쌓아 올린 스스로에 대한 믿음과 공부에 대한 자신감이다. 공부를 안 했다거나 숙제를 안 했다고, 이것도 모른다고 아이를 집에서 혼내는 경우를 종종 본다. 아이를 위한 마음이겠지만 이런 방법은 절대 원하는 방향으로 아이를 이끌지 못한다. 오히려 공부를 하지 않을 방향으로 아이를 이끌 뿐이다.

모든 아이는 서울대에 갈 수 있는 잠재력이 있다. 하지만 모든 양육자가 아이를 서울대에 보낼 수는 없다. 특히 초등학생들은 어른의 눈빛과 말투를 먹고 공부에 대한 힘을 키운다. 그러니 우선은 '공부 잘하는 아이' 말고 '공부 잘한다고 생각하는 아이'를 만들어야 한다. 그런 아이라면 분명 공부뿐만 아니라 무엇이든 할 수 있다는 자신감으로 세상을 살아나가는 멋진 어른으로 성장할 것이다.

나가는 말

사랑으로
상식을 깨부수는
교육 •

이 책을 쓰기로 마음먹은 것은 드라마 〈이상한 변호사 우영우〉를 보고 나서 든 생각 때문이었다. 물론 그때도 초등학생들을 가르치고 있었는데, 아이들로부터 몇 시간을 해야 하는 숙제와 수업 이야기, 그리고 12시가 다 되어서야 겨우 일과를 마치고 잠자리에 든다는 이야기들을 늘상 듣곤 했다. 그런 이야기를 들을 때마다 아이들이 안쓰러웠다.

그래서였을까. 〈이상한 변호사 우영우〉에 나왔던 일명 '방구뽕'에게 묘한 동질감을 느꼈다. 그는 어린아이들이 학습을 과하게 한다는 생각에 상식에 맞지 않는 행동으로 기소된 캐릭터였는데, 수많은 영어 학원 학습법과는 다른 방향으로 가고 있는 나도 마음은 그와 비슷하다는 생각이 들었다. 더 많은 아이가 행복했으면 좋겠다는

● 사이토 히토리의 책 제목에서 인용했음을 밝힌다.

생각, 숙제 없이도 영어 실력을 충분히 늘리면서 중고등학교 준비를 했으면 좋겠다는 생각에서 이 책을 쓰게 되었다.

내가 직접 모든 학생들을 가르치는 데는 한계가 있다. 물론 함께 수업하는 아이들만이라도 숙제 없이 즐겁게 실력을 늘려나가도록 돕는 일도 뿌듯하다. 하지만 가슴 한구석이 꽉 막힌 듯한 느낌을 내내 떨칠 수가 없었다. 지금의 초등학생들이 자라나서 내가 가르쳤던 고등학생들이 될 터였다. 고등학생이 되어 뒤늦게 성적을 뒤집어보겠다고 아무리 열심히 해도 시간의 한계를 느끼고 무너졌던 바로 그 아이들이 될 터였다. 시간이 조금만 더 있었더라면, 내가 조금만 더 일찍 이 아이들을 가르쳤더라면… 이런 생각에서 시작한 초등 교육이었다. 이때부터 블로그를 시작으로 중고등학교 교과 과정이 어떻게 펼쳐지는지 모른 채 초등학생에게 과한 학습을 시키는 것이 왜 무용한지에 대해 적어왔다.

많은 초등학생이 자신이 모르는 것을 부끄러워하고 죄스러워한다. 아이들이 그런 기분을 느끼면서 공부하는 분위기를 만들어온 게 학교인지, 학원인지, 양육자인지 그 원인은 잘 모르겠다. 하지만 앞으로 아이들이 공부하는 분위기가 달라져야 한다는 것은 확실히 알고 있다. 아이들이 세상에 태어나 가진 의무는 행복해야 한다는 것이다. 특히 대한민국의 초등학생은 그리고 대한민국에서 자라나는 모든 아이는 지금보다 훨씬 더 행복해질 권리가 있다.

어린 시절에 천진난만한 꿈을 꾸며 마냥 행복하게 자라왔다면, 그렇게 자라난 20~30대는 자신처럼 행복한 아이를 또 만들고 싶어질 것이다. 반면에 지나온 어린 시절이 행복하지 않았다면 아이를 낳기가 무서울 것이다. 적어도 나는 그렇게 생각한다.

나는 아이들에게 이 사실을 알려주고 싶다.

"모르는 것은 부끄러운 것이 아니야. 초등학생은 무엇이든 몰라도 되니까 내가 무언가를 모른다는 것을 깨달았다면 그때부터 다시 하나씩 알아가면 돼. 급할 것 없이 천천히, 꾸준히 하면 돼."

한국의 위상이 30년 전과는 이루 말할 수 없이 달라진 지금, 영어를 잘한다고 해서 모두 영문과에 진학하는 시대가 아니다. 대한민국 콘텐츠 세계화의 시류 속에서 자신에게 찾아온 영광스러운 기회를 놓치지 않았던 가수 싸이나 고령에도 불구하고 수상 소감을 여유와 위트를 섞은 영어로 말했던 배우 윤여정 씨처럼, 영어는 지금 자라나는 아이들에게도 훗날 멋지게 사용할 수 있는 그 순간에 주저 없이 꺼내 들 수 있는 도구가 되어야 한다.

영어 선생님인 내가 책의 처음부터 끝까지 일관되게 전달하고자 했던 것은 아이러니하게도 너무 어린 시절부터 과하게 영어 공부를 하지 않아도 된다는 것이다. '얼마나 많이'보다 '얼마나 꾸준히'가 훨씬 중요하다. 무엇보다 자신의 수준에 맞는 영어를 공부해야 한다. 아이들은 친구가 한국어를 잘하는지 못하는지 서로 비교하며 평가하지 않는다. 영어도 그런 기준으로 아이들에게 다가갈 수 있으면 좋겠다. 영어도 한국어처럼 아이들의 삶에 자연스럽게 스며들 수 있으면 좋겠다.

그러니 지금부터라도 아이들을 생각하는 사랑의 마음으로 상식을 깨부수자. 상식은 통념이다. 다들 이렇게 교육하니까 우리 아이도 절대 뒤처져서는 안 된다는 통념이 많은 아이들을 힘든 길로 인도하고 있다. 영어 공부의 순서를 조금만 정리해주면 중고등 내신 시험도, 대입을 위한 수능도, 영어 회화에 활용되는 문장의 기초까지도 무리하지 않고 다질 수 있다. 모두가 아는 상식대로 공부하지 않아도 된다. 훨씬 쉽고 빠르고 즐겁게 공부할 수 있는 길이 있다.

우리 아이들뿐만 아니라 우리나라 아이들 모두가 행복할 날을 꿈꾼다. 이 책을 읽고 아이들을 생각하는 사랑의 마음이 함께 솟아나길 바란다. 이 책을 활용하거나 필터로 삼아 같은 마음을 전하고 싶은 분들은 '행복한 우리나라 아이들 만들기' 멘트 남기기에 동참해주길 바란다. 이 책을 읽고 인스타에 글을 남길 때, 블로그에 글을 남길 때, 카페에 글을 남길 때 happykoreankids라는 해시태그를 남겨주면 얼마나 많은 분이 같은 마음인지 내가 확인할 수 있다. 인스타그램에서 @happyhedgehogkids, 네이버 블로그에서 고슴도치 Lucy연으로 검색하면 연결점을 찾을 수 있다.

문득 이 세상에 행복하지 않은 아이들이 많아질수록 이해할 수 없는 범죄도 늘어가는 것은 아닌가 하는 생각이 든다. 부디 소외당하는 아이들이 더 늘어나지 않도록, 어른들의 따뜻한 마음이 조금 더 필요한 시점이다.

Special thanks to ───────────────────────────────

김하율, 박준수, 김강현, 김리원, 김가원, 박수호, 이민준, 이서연, 한승재,
양우석, 양지석, 양서연, 김민혁, 서예은, 박수현, 이예주, 박선남, 최윤혁,
한혜영, 이주란, 장명환, 정경미, 임가은, 장세희, 박소정, 김수영, 정주안,
최숙희, 남혜경, 윤승미, Mike Kim, 김유진 외 성인이 된 제자들, 한경BP
이혜영 팀장님 And 저와 저의 교습법을 믿어주시는 모든 양육자분들께

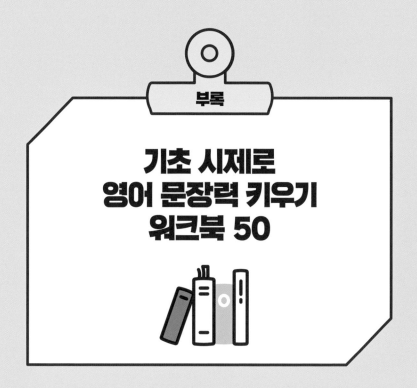

부록

기초 시제로
영어 문장력 키우기
워크북 50

부록으로 기초 영어 문장 만들기 워크북을 실었다. 이 워크북을 시작으로 많은 아이들이 영어 문장력을 탄탄하게 키워나갈 수 있기를 바란다. 다만 이 워크북으로 공부하기에 앞서 먼저 체크해야 할 사항들이 있다.

첫째, 우선 아이가 한글을 잘 읽고 쓸 줄 알아야 한다. 시제 구분을 할 수 있어야 하며, 한글로 '한다'와 '했다'가 현재와 과거를 의미한다는 것을 판단할 수 있어야 한다. 그래야 금방 실력이 늘 수 있다.

둘째, 아이가 알파벳을 알고 있어야 한다. 기초 단어도 조금 알고 있으면 좋다. 'Apple', 'Tree' 등을 보고 소리 나는 대로 발음할 수 있는 정도면 충분하다.

이때 가장 중요한 포인트! 단어를 외우게 하지 말자. 모르는 단어는 찾아보거나 스펠링을 알려줘도 무관하다. 네이버 사전을 활용해서 스스로 품사별 단어 검색을 하는 연습을 해본다면 더 좋다. 아주 짧은 문장을 만들되, 그날 만들 문장은 한글로 먼저 알려주자. 한글과 다른 영어의 어순을 설명해주며 영어로 써보게끔 해주면 된다.

다음은 기초 영어 문장을 만들기 위한 한글 문장의 예시다. 처음에는 이렇게 주어와 동사만으로 이뤄진 단순한 문장부터 시작하는 것이 좋다.

예시

1. 나는 달린다.
2. 너는 예쁘다.
3. 그녀는 웃는다.
4. 그는 요리한다.
5. 우리는 착하다.

기초 영어 문장은 영어책 중에서 시제에 맞는 영작 자료를 참고해서 만들어도 좋다. 비슷한 레벨의 영어 동화책이 있다면 단어를 임의로 바꿔 공부해봐도 무방하다. 하루에 10~15개 정도의 기초 영어 문장 쓰기를 해봤다면, 그날 비슷한 수준의 영어책도 함께 읽으면서 한글로 해석해보면 된다. 단어는 외워도 어차피 까먹는다. 암기보다는 자주 문장을 만들고 계속 써보면서 자주 쓰는 단어부터 자연스럽게 익히게 하면 된다.

예시

1. 나는 달린다. → 나는 달렸다. → 나는 달리는 중이야. → 나는 달리는 중이었어. → 나는 달릴 거야. → 너는 왜 달리니?
2. 너는 예쁘다. → 너는 예뻤다. → 너는 예뻐질 거야. → 너는 왜 예쁘니?
3. 그녀는 웃는다. → 그녀는 웃었다. → 그녀는 웃는 중이야. → 그녀는 웃는 중이었어. → 그녀는 웃을 거야. → 그녀는 왜 웃니?
4. 그는 요리한다. → 그는 요리했다. → 그는 요리하는 중이야. → 그는 요리하는 중이었어. → 그는 요리할 거야. → 그는 왜 요리하니?
5. 우리는 착하다. → 우리는 착했어. → 우리는 착해질 거야. → 우리는 왜 착할까?

하루에 한 페이지씩 시제를 정해서 연습해보다가 익숙해지면, 여러 시제를 복습하듯 섞어서 써보는 연습을 진행하면 좋다. 이에 맞춰 영어책의 수준도 조금씩 높여가면 된다. 문장의 기본 뼈대만 만들 수 있으면 점점 길어지는 문장은 전치사 또는 절로 이어주면 된다.

나는 (길 위에서) 달리는 중이야.

→ I am running (on the street).

(네가 전화했을 때) 나는 길 위에서 달리는 중이었어.

→ I was running on the street (when you called me).

기초 영어 문장을 만들 때 가장 중요한 포인트는 'be 동사'와 '일반동사'의 구분이다. 주로 초등학생을 대상으로 할 때는 'be 동사'와 '일반동사' 또는 '수동태', '복수', '단수' 같은 한자식 문법 용어 대신 '상태'와 '행동'이란 말을 사용해 설명하는 것이 더 효과적이다. 다음의 내용을 아이가 알고 있는지 함께 확인해보자.

● be 동사 = '상태'로, 움직이지 않고 있는 현상이나 모습, 상태를 나타낼 때 사용한다. 예시) 머리카락이 긴 상태 / 키가 큰 상태 / 사람과 사물이 있는 상태 등등

	주어	현재	과거
be 동사 **(상태)**	I	am	was
	You / We / They 2명 이상일 때	are	were
	He / She / It 나와 너를 제외한 1명일 때	is	was

● 일반 동사 = '행동'으로, 움직임이 있을 때 사용한다. 생각하고, 바라보고, 소유하는 것도 포함된다. 일반 동사의 경우 He나 She 또는 나와 너를 제외하고 1명인 경우(3인칭 단수) 동사 뒤에 '-s'를 붙인다는 점에 유의하자. 스펠링에 따라 뒤에 '-s' 이외의 스펠링이 붙을 때도 있으니 사전을 자주 활용하면 좋다.

	주어	현재	과거
일반동사 **(행동)**	I	run	ran
	You / We / They 2명 이상일 때	run	ran
	He / She / It 나와 너를 제외한 1명일 때	runs	ran

위의 동사 구분까지 확인이 끝났다면 기초 시제로 만드는 영어 문장 쓰기 연습을 진행한다. 다음 페이지의 영어 쓰기 노트 예시를 참고 삼아 워크북에서 제시한 15개의 영어 단어와 뜻을 적는다. 그전에 위쪽에 있는 월, 날짜, 요일도 매일 적는다. 날짜는 서수로 적는 연습을 하되 책에도 포함되어 있으니 활용하면 된다. 참고로 영어 쓰기 노트는 카페 자료실에서 출력할 수 있는 파일을 다운받아 이용할 수 있다(QR코드 참조).

Date	Month	Year	Day	Weather
Fifteenth	February	2024	Thursday	Sunny

Series	1-1. 평서문 현재
Title	"우리는 (~상태)야."

▶ Vocabulary in Use

No.	Words & Phrase	Meaning
1	person	사람
2	gray	회색
3	⋮	⋮
4		
5		
6		
7		
8		
9		
10		
11		
12		
13		
14		
15		

순서만 바꿔도 대입까지 해결되는 초등 영어 공부법

▶ Sentence in Use

No.	Sentence
1	I am a person.
2	The clouds are gray.
3	⋮
4	
5	
6	
7	
8	
9	
10	
11	
12	
13	
14	
15	

주어진 한글 문장을 바탕으로 영어 문장 쓰기를 해본 뒤 무엇이 틀렸는지 확인해보고, 혹시 틀린 문장이 있었다면 고친 바른 문장을 한 번 더 적어본다. 영작이 끝나고 나면 비슷한 수준의 영어책 음원을 들으며 읽어보고, 정확히 해석하는 연습을 해보자.

이처럼 문장을 먼저 만들어 써보고 영어책을 듣고, 읽고, 해석해보는 과정을 꾸준히 반복한다. 처음 시작하는 초등 2-3학년의 경우, 15문장 영작만 30~40분 정도 소요되고 원서 읽기까지 진행하면 한 시간 정도가 걸린다. 이 과정을 6개월에서 1년 정도 꾸준히 진행하면 기본 구조의 문장들은 읽기, 쓰기, 말하기, 듣기가 모두 가능해진다. 나중에는 자신의 생각을 일기로, 글로 짧게 쓰는 것도 충분히 가능해질 것이다.

평서문 현재
"우리는 (~상태)야/다."

1 (	) person	나는 사람이다.
2 (	) gray	구름은 회색이다.
3 (	) fun	아이들은 즐겁다.
4 (	) happy	우리들은 행복하다.
5 (	) cute	코코는 귀엽다.
6 (	) be	엄마는 집에 있다.
7 (	) beside	언니는 내 옆에 있다.
8 (	) on	고양이 한 마리가 차 위에 있다.
9 (	) late	너는 오늘 늦었어.
10 (	) pretty	너는 정말 예쁘다.
11 (	) in a hurry	그들이 서두른다.
12 (	) tall	내 남동생은 키가 크다.
13 (	) bad	그녀는 나쁜 소녀다.
14 (	) here	나 여기에 있어.
15 (	) there's	양 한 마리가 있다.

평서문 현재
"우리는 (~행동)해/한다."

1 ( ) see	나는 하늘을 본다.
2 ( ) come	내 친구들이 집에 온다.
3 ( ) ride	그는 버스를 탄다.
4 ( ) play	나는 진흙을 가지고 논다.
5 ( ) crawl	아기가 바닥을 기어간다.
6 ( ) wipe	엄마는 창문을 닦는다.
7 ( ) wait	우리는 차례를 기다린다.
8 ( ) take	우리는 책을 가져간다.
9 ( ) buy	그 남자는 모자를 산다.
10 ( ) have	그들은 아침 식사를 한다.
11 ( ) stay	그들은 우리와 함께 머무른다.
12 ( ) scratch	나는 머리를 긁는다.
13 ( ) spill	나는 자주 물을 엎지른다.
14 ( ) bring	나는 예쁜 리본을 가져온다.
15 ( ) need	나는 작은 가방이 하나 필요해.

평서문 과거
"우리는 (~상태)였어/였다."

1 ( ) be		호스는 마당에 있었다.
2 ( ) kitty		새끼 고양이가 그곳에 있었다.
3 ( ) bell		그 종소리는 아름다웠다.
4 ( ) delicious		그 빵집의 빵은 맛있었다.
5 ( ) siren		사이렌 소리가 너무 컸다.
6 ( ) high		그 산은 아주 높았다.
7 ( ) kind		그 운전사는 친절했다.
8 ( ) firemen		소방관들은 다섯 명이었다.
9 ( ) handsome		그는 잘생겼었다.
10 ( ) fire		그 불은 아주 컸다.
11 ( ) wet		운동장이 젖어 있었다.
12 ( ) truck		그 트럭은 아주 컸다.
13 ( ) tall		나무가 높았다.
14 ( ) here		우리는 여기에 있었다.
15 ( ) hose		그 호스는 길었다.

평서문 과거
"우리는 (~행동)했어."

1 ( ) stew		나는 친구와 국 한 그릇을 먹었어.
2 ( ) hop		나는 친구와 깡충깡충 뛰었어.
3 ( ) shore		우리는 어제 해안가를 걸었어.
4 ( ) monster		그 괴물은 돌을 삼켰어.
5 ( ) climb		우리는 높은 산 위에 올라갔어.
6 ( ) den		그들은 지난주에 그 소굴에 들어갔어.
7 ( ) wake up		우리는 아침 일찍 깼어.
8 ( ) jump over		그 말은 허들을 뛰어넘었어.
9 ( ) skip		내 친구는 깡충깡충 뛰었어.
10 ( ) at seven		우리는 일곱 시에 아침밥을 먹었어.
11 ( ) drive		내 친구들은 빨간 자동차를 운전했어.
12 ( ) hero		우리는 영웅을 기다렸어.
13 ( ) jog away		그는 터벅터벅 그의 집으로 가버렸어.
14 ( ) sneak away		우리는 학교에서 살금살금 달아났어.
15 ( ) run away		그 도둑은 우리에게서 도망갔어.

현재진행형
"우리는 (~행동) 중이야."

1 ( ) happen	무슨 일이 일어나고 있는 중이야?
2 ( ) red	나는 빨간 차를 운전하는 중이야.
3 ( ) look	나는 너를 바라보는 중이야.
4 ( ) painting	그 그림은 지금 비싸게 팔리는 중이야.
5 ( ) study	나는 공부하는 중이야.
6 ( ) use	나는 이 펜을 사용하는 중이야.
7 ( ) tail	강아지가 꼬리를 흔드는 중이야.
8 ( ) dip	나는 내 발을 물에 담그고 있는 중이야.
9 ( ) some	우리는 커피에 약간의 시럽을 넣는 중이야.
10 ( ) more	나는 펜을 더 모으는 중이야.
11 ( ) blue	하늘은 지금 파란색으로 변하는 중이야.
12 ( ) mix	나는 두 장의 카드를 섞는 중이야.
13 ( ) brush	나는 붓을 뾰족하게 깎는 중이야.
14 ( ) yellow	꽃이 노란색으로 변하는 중이야.
15 ( ) feet	그의 발은 커지는 중이야.

과거진행형
"우리는 (~행동) 중이었어."

1 ( ) everyone		모두가 춤을 추는 중이었어.
2 ( ) school		우리는 학교에서 공부하는 중이었어.
3 ( ) come		그들은 오는 중이었어.
4 ( ) sail		선원들은 항해하는 중이었어.
5 ( ) story		그는 하나의 이야기를 만드는 중이었어.
6 ( ) pond		그녀는 연못을 디자인하는 중이었어.
7 ( ) go to		나는 그 동네에 가는 중이었어.
8 ( ) stay		너는 집에 머무르는 중이었어.
9 ( ) park		우리는 공원에서 쉬는 중이었어.
10 ( ) listen		그들은 이야기를 듣는 중이었어.
11 ( ) snack		아이들은 간식을 먹는 중이었어.
12 ( ) play		그들은 마당에서 노는 중이었어.
13 ( ) teacher		선생님은 우리를 가르치는 중이었어.
14 ( ) meet		나는 그를 만나는 중이었어.
15 ( ) class		그 학급은 운동하는 중이었어.

과거진행 부정
"우리는 (~행동) 중이 아니었어."

1 (	) bad	그 나쁜 아이는 벌을 받는 중이 아니었어.
2 (	) do not	나는 숙제를 하는 중이 아니었어.
3 (	) throw	남자아이들은 공을 던지는 중이 아니었어.
4 (	) yesterday	나는 어제 너를 보고 있는 중이 아니었어.
5 (	) wag	그 강아지는 꼬리를 흔드는 중이 아니었어.
6 (	) home	나는 집에서 TV를 보는 중이 아니었어.
7 (	) stop	그 자동차는 멈추는 중이 아니었어.
8 (	) roll	나는 두루마리 휴지를 굴리는 중이 아니었어.
9 (	) stick	너는 막대기를 부러뜨리는 중이 아니었어.
10 (	) tail	도마뱀 꼬리는 자라는 중이 아니었어.
11 (	) give	사람들은 빵을 주는 중이 아니었어.
12 (	) sleep	나는 자는 중이 아니었어.
13 (	) again	그들은 다시 시작하는 중이 아니었어.
14 (	) lick	고양이는 털을 핥는 중이 아니었어.
15 (	) take a picture	그는 사진을 찍는 중이 아니었어.

현재진행 부정
"우리는 (~행동) 중이 아니야."

1	(	) play	우리는 마당에서 노는 중이 아니야.
2	(	) look up	그들은 하늘을 올려다보는 중이 아니야.
3	(	) come down	나는 나무에서 내려오는 중이 아니야.
4	(	) come	너는 이곳으로 오는 중이 아니야.
5	(	) now	나는 지금 생각하는 중이 아니야.
6	(	) say	우리는 사람들 앞에서 말하는 중이 아니야.
7	(	) find	그들은 보물을 찾는 중이 아니야.
8	(	) run away	나는 도망가는 중이 아니야.
9	(	) run	그 소녀는 뛰는 중이 아니야.
10	(	) play	그들은 운동장에서 노는 중이 아니야.
11	(	) stay	나는 집에 머무르는 중이 아니야.
12	(	) jump	개구리는 뛰는 중이 아니야.
13	(	) climb	우리는 그 산에 올라가는 중이 아니야.
14	(	) go	그들은 집으로 가는 중이 아니야.
15	(	) walk	나는 길을 걷는 중이 아니야.

조동사 평서문
"우리는 (~행동)할 수 있어/(~행동)할 거야/(~행동)하는 게 좋겠어."

1 ( ) plant		나는 식물을 키울 수 있어.
2 ( ) rain		나는 비를 맞을 수 있어.
3 ( ) hide		우리는 숨을 거야.
4 ( ) park		우리는 차를 여기에 세우는 게 좋겠어.
5 ( ) long		너는 이 긴 자를 사는 게 좋겠어.
6 ( ) hairy		너는 그 털 많은 선생님을 만나는 게 좋겠어.
7 ( ) perky		나는 활기찬 소녀랑 놀 거야.
8 ( ) leaf		나는 잎사귀를 주울 수 있어.
9 ( ) big		나는 큰 오빠를 찾을 수 있어.
10 ( ) hail		우리는 우박을 가져올 거야.
11 ( ) divide		우리는 종류를 나누는 게 좋겠어.
12 ( ) reach		우리는 학교에 도착할 수 있어.
13 ( ) leave		나는 떠날 거야.
14 ( ) plant		엄마는 꽃을 심을 수 있어.
15 ( ) grow		그 나무는 잘 자랄 수 있어.

조동사 부정문
"우리는 (~행동)할 수 없어/(~행동)할 수 없을 거야/
(~행동)하지 않는 게 좋겠어."

1 (	) difference	너는 차이점을 알 수 없어.
2 (	) shout	나는 소리치지 않을 거야.
3 (	) anything	나는 아무것도 찾을 수 없어.
4 (	) angry	나는 화내지 않을 거야.
5 (	) cross	나는 십자가를 걸지 않을 거야.
6 (	) hungry	너는 배고픈 사자 옆으로 가지 않는 게 좋겠어.
7 (	) turn	우리는 우리의 순서를 기다리지 않는 게 좋겠어.
8 (	) wish	나는 소원을 빌 수 없어.
9 (	) find	나는 너를 찾지 않을 거야.
10 (	) help	너는 나를 도와주지 않는 게 좋겠어.
11 (	) sausage	우리는 소시지를 나누지 않을 거야.
12 (	) powder	너는 그 가루를 만지지 않는 게 좋겠어.
13 (	) correct	너는 맞는 답을 적지 않는 게 좋겠어.
14 (	) run	그는 달릴 수 없어.
15 (	) spot	그녀는 종이 위에서 점을 찾을 수 없어.

부정문 현재 "우리는 (~상태)가 아니야."		
1 ( ) outside	나는 밖에 있지 않아.
2 ( ) color	그 색은 밝지 않아.
3 ( ) happy	그는 행복하지 않아.
4 ( ) short	그의 다리는 짧지 않아.
5 ( ) hair	그의 머리색은 어둡지 않아.
6 ( ) hoof	그 말굽은 두껍지 않아.
7 ( ) silly	그 강아지는 어리석지 않아.
8 ( ) sky	하늘은 맑지 않아.
9 ( ) saddle	그 안장은 쓸모없지 않아.
10 ( ) light	그 빛은 어둡지 않아.
11 ( ) far	그 미용실은 여기에서 멀지 않아.
12 ( ) wish	그녀의 소원은 크지 않아.
13 ( ) guys	너희들은 착하지 않아.
14 ( ) long	내 머리는 길지 않아.
15 ( ) pretty	그녀의 옷은 예쁘지 않아.

부정문 현재
"우리는 (~행동)을 안 해."

1 (	) flower	그녀는 꽃을 먹지 않아.
2 (	) laugh	내 여동생은 잘 웃지 않아.
3 (	) cool	그는 멋진 옷을 입지 않아.
4 (	) leaf	그 잎은 떨어지지 않아.
5 (	) come	고양이는 오지 않아.
6 (	) horse	그 말은 뛰지 않아.
7 (	) do the dishes	아빠는 설거지를 하지 않아.
8 (	) bunny	그 토끼는 걷지 않아.
9 (	) wear	나는 그 셔츠를 입지 않아.
10 (	) dress	그들은 드레스를 입지 않아.
11 (	) tower	그들은 탑을 향해 걷지 않아.
12 (	) grass	그 잔디는 더 이상 자라지 않아.
13 (	) asleep	학생들은 잠들지 않아.
14 (	) fall down	나는 넘어지지 않아.
15 (	) rise	해는 서쪽에서 뜨지 않아.

부정문 과거
"우리는 (~상태)가 아니었어."

1 ( ) nobody	아무도 그곳에 없었어.
2 ( ) tall	그들은 크지 않았어.
3 ( ) blue	그 문은 파란색이 아니었어.
4 ( ) delicious	그 주스는 맛있지 않았어.
5 ( ) paint	페인트는 빨간색이 아니었어.
6 ( ) fast	그는 빠르지 않았어.
7 ( ) safe	그 성은 안전하지 않았어.
8 ( ) garden	그는 정원에 없었어.
9 ( ) dead	새는 죽지 않았어.
10 ( ) small	그 집은 작지 않았어.
11 ( ) near	그는 나와 가까이 있지 않았어.
12 ( ) house	그 집은 부서지지 않았어.
13 ( ) twin	쌍둥이는 기쁘지 않았어.
14 ( ) game	그 게임은 재미없었어.
15 ( ) bottle	그 병은 깨지지 않았어.

부정문 과거
"우리는 (~행동)하지 않았어."

1 ( ) climb		나는 산에 올라가지 않았어.
2 ( ) frown		그들은 학생들 앞에서 얼굴을 찌푸리지 않았어.
3 ( ) bush		우리는 덤불로 들어가지 않았어.
4 ( ) hide		나는 아무것도 감추지 않았어.
5 ( ) brilliant		그는 가장 똑똑한 학생을 뽑지 않았어.
6 ( ) throw		나는 돌을 던지지 않았어.
7 ( ) present		우리는 선물을 받지 않았어.
8 ( ) go		우리는 가지 않았어.
9 ( ) share		그들은 아무것도 나누지 않았어.
10 ( ) spider		거미는 집을 만들지 않았어.
11 ( ) wisdom		그는 지혜를 가지지 않았어.
12 ( ) jungle		나는 정글로 가지 않았어.
13 ( ) help		나는 엄마를 돕지 않았어.
14 ( ) build		우리는 이 집을 짓지 않았어.
15 ( ) hurray		그들은 만세를 외치지 않았어.

조동사 의문문
"우리가 (~행동)할 수 있어?"

1 ( ) forget	너는 그 아이를 잊을 수 있어?
2 ( ) grass	그가 제시간에 풀을 뽑을까?
3 ( ) reach	내 손이 저 나무에 닿을 수 있을까?
4 ( ) higher	내가 저 액자를 더 높이 올리는 게 좋을까?
5 ( ) east	우리는 동쪽으로 가는 게 좋을까?
6 ( ) visit	그들은 우리 동네에 방문할까?
7 ( ) friend	내 친구가 이 책을 좋아할 수 있을까?
8 ( ) rhino	내가 코뿔소 인형을 사야만 할까?
9 ( ) dry	그 지역은 공기가 건조할까?
10 ( ) food	그녀는 매운 음식을 싫어할까?
11 ( ) magic	너는 마법을 믿을 수 있어?
12 ( ) wise	그는 현명한 결정을 할 수 있을까?
13 ( ) earth	너는 이 땅 위에서 곡물을 키울 수 있니?
14 ( ) drink	그들이 이 물을 같이 마실까?
15 ( ) giraffe	기린은 누워서 잘까?

조동사 부정의문문
"우리가 (~행동)할 수 없어?"

1 ( ) remember		넌 날 기억하지 못하니?
2 ( ) plant		이 식물은 더 크게 자랄 수 없니?
3 ( ) robot		나는 로봇을 만들 수 없겠지?
4 ( ) space		우리는 우주에 가지 않을 거야?
5 ( ) earth		지구가 깨끗해질 수 없니?
6 ( ) recharge		그들은 자동차를 재충전하지 않을 거야?
7 ( ) trailer		그 이동식 차량이 우리를 따라올 수 없어?
8 ( ) route		우리는 더 빠른 길로 갈 수 없니?
9 ( ) mission		나의 임무가 쉬울 수 없나요?
10 ( ) treasure		그들은 보물을 찾지 않을 거니?
11 ( ) cockroach		바퀴벌레는 지구에서 사라질 거야?
12 ( ) open		이 가게는 문을 열 수 없니?
13 ( ) captain		우리의 지도자가 현명하지 않을까?
14 ( ) repair		그들은 자동차를 수리할 수 없었니?
15 ( ) spaceship		우리는 우주선을 타지 않을 거야?

의문문 현재
"우리는 (~상태)야?"

1 ( ) enough	돈은 충분하니?
2 ( ) tail	그 강아지의 꼬리는 무슨 색이니?
3 ( ) cloth	그 옷감은 부드럽니?
4 ( ) bone	그 뼈는 크니?
5 ( ) butcher	정육점 주인은 친절하니?
6 ( ) reward	보상은 충분하니?
7 ( ) none	우리 중 아무도 예쁘지 않니?
8 ( ) cupboard	찬장 안에 아무것도 없니?
9 ( ) close	문이 닫혔니?
10 ( ) loud	그 소리가 크니?
11 ( ) poor	너희 가족은 가난하니?
12 ( ) ball	공은 무슨 색이니?
13 ( ) naked	그는 벌거벗었니?
14 ( ) lane	그 길은 좁니?
15 ( ) far	거기는 여기에서 머니?

의문문 현재
"우리가 (~행동)해?"

1 (	) cousin	너희 아버지는 사촌을 자주 만나니?
2 (	) pay	너는 옷값을 현금으로 지불하니?
3 (	) give	그 선생님은 아이들에게 25센트를 주니?
4 (	) munch	그 거북이는 채소를 아삭아삭 먹니?
5 (	) free	그 할아버지는 늘 공짜 음식을 먹니?
6 (	) give back	그 은행원은 동전을 돌려주니?
7 (	) want	그 친구는 역사 배우기를 원하니?
8 (	) clink	너도 딸깍 소리가 들리니?
9 (	) holler	그 하마는 늘 소리 지르니?
10 (	) penny	그는 1센트를 주니?
11 (	) dime	그 아이들은 10센트를 찾니?
12 (	) sell	그 가게는 따뜻한 음료를 파니?
13 (	) price	그 손님은 이 미용실의 가격을 아니?
14 (	) clank	저 문은 늘 철커덕하는 소리가 나니?
15 (	) shade	그 벌레는 늘 그늘에 숨니?

부정의문문 현재
"우리는 (~상태)가 아니야?"

1 ( ) guest	손님은 마당에 있지 않니?
2 ( ) gown	너의 가운은 흰색이 아니니?
3 ( ) costume	내 의상이 이상하지 않니?
4 ( ) in place	그 아이는 제자리에 있지 않니?
5 ( ) couple	그들은 한 쌍이 아니니?
6 ( ) surprised	엄마가 놀라지 않니?
7 ( ) weird	너의 춤은 이상하지 않니?
8 ( ) feet	네 발은 크지 않니?
9 ( ) cheer	그들의 응원은 신나지 않니?
10 ( ) soft	네 손은 부드럽지 않니?
11 ( ) fast	너의 팽이는 빠르지 않니?
12 ( ) winner	그가 승자가 아니니?
13 ( ) quiet	관중들이 조용하지 않니?
14 ( ) dream	너의 꿈은 흑백이 아니니?
15 ( ) pretty	이거 예쁘지 않니?

부정의문문 현재
"우리가 (~행동) 안 해?"

1 (	) meet	너는 그 선생님을 안 만나니?
2 (	) baby	아기는 울지 않니?
3 (	) catch	그들이 너를 잡지 않니?
4 (	) find	우리는 보물은 안 찾니?
5 (	) splash	신발이 물웅덩이에 철벅 떨어지지 않니?
6 (	) footprint	너의 발자국이 땅 위에 생기지 않니?
7 (	) mess	너는 엉망으로 만들지 않니?
8 (	) sound	너는 그 소리를 듣지 않니?
9 (	) hear	너는 내 말이 안 들리니?
10 (	) run	애들이 안 뛰니?
11 (	) make	엄마가 케이크를 만들지 않니?
12 (	) play	우리는 운동장에서 안 놀아?
13 (	) study	넌 공부 안 하니?
14 (	) friend	네 친구는 안 오니?
15 (	) snack	넌 간식 안 먹니?

의문문 과거
"우리가 (~상태)였어?"

1 (	) scarf	엄마의 스카프는 비쌌어?
2 (	) angel	천사는 예뻤어?
3 (	) slippery	어제 눈이 미끄러웠어?
4 (	) flexible	그녀는 몸이 유연했어?
5 (	) wave	지난주에 파도가 컸어?
6 (	) wind	어제 바람이 강했어?
7 (	) mitten	그 벙어리장갑은 예뻤어?
8 (	) coat	지난달에 그 코트는 컸어?
9 (	) bright	별똥별은 밝았어?
10 (	) snowball	그 눈덩이는 작았어?
11 (	) road	어제 길이 미끄러웠어?
12 (	) flake	그 눈 조각은 선명했어?
13 (	) fun	어제 파티는 재미있었어?
14 (	) fierce	늑대는 사나웠어?
15 (	) friendly	어제 그들은 친절했어?

의문문 과거
"우리가 (~행동)했어?"

1 ( ) lose		너 작년에 핸드폰을 잃어버렸니?
2 ( ) tooth		그 아이는 이빨이 빠졌니?
3 ( ) come		너 어제 여기 왔었어?
4 ( ) idea		그가 그 아이디어를 떠올린 건가요?
5 ( ) pillow		그녀가 이 베개를 샀어?
6 ( ) stew		너 그 찌개 먹었어?
7 ( ) camera		그 가족은 카메라를 구입했니?
8 ( ) treat		선생님은 다리를 치료했니?
9 ( ) under		학생들은 나무 아래에서 놀았니?
10 ( ) take a picture		그가 어제 내 사진을 찍었니?
11 ( ) yummy		넌 맛있는 음식을 먹었니?
12 ( ) here		그들이 어제 여기에 왔었어?
13 ( ) fall		그 소녀가 이 구멍에 빠졌어?
14 ( ) fairy		요정이 소원을 들어줬어?
15 ( ) get up		너는 아침에 일찍 일어났니?

부정의문문 과거
"우리는 (~상태)가 아니었어?"

1	(	) light	그 옷은 가볍지 않았니?
2	(	) bright	그 집은 밝지 않았니?
3	(	) green	나무는 초록색이 아니었니?
4	(	) quiet	학교는 조용하지 않았니?
5	(	) red	그의 모자는 빨간색이 아니었니?
6	(	) far	그들은 여기에서 먼 곳에 있지 않았니?
7	(	) long	그 길은 길지 않았니?
8	(	) star	별이 노란색이 아니었니?
9	(	) blue	그 공은 파란색이 아니었니?
10	(	) purple	그 옷은 보라색이 아니었니?
11	(	) brother	너의 남동생은 엄마 옆에 있지 않았니?
12	(	) mouse	생쥐는 작지 않았니?
13	(	) truck	그 트럭은 소방차가 아니었니?
14	(	) mop	대걸레가 더럽지 않았니?
15	(	) past	과거는 아름답지 않았니?

부정의문문 과거
"우리는 (~행동) 안 했어?"

1 (   ) pet   그들은 반려동물을 키우지 않았니?

2 (   ) move   그 차는 움직이지 않았니?

3 (   ) net   어부는 그물을 던지지 않았니?

4 (   ) hen   암탉은 알을 낳지 않았니?

5 (   ) letter   너는 그에게 편지를 쓰지 않았니?

6 (   ) hug   남동생은 엄마를 껴안지 않았니?

7 (   ) mouse   생쥐는 도망가지 않았니?

8 (   ) honk   그 트럭은 빵빵 소리 내지 않았니?

9 (   ) mop   너는 대걸레를 못 봤니?

10 (   ) past   과거에 그들은 여기에 오지 않았니?

11 (   ) hat   그는 그날 모자를 쓰지 않았니?

12 (   ) bigger   너는 그것을 더 크게 만들지 않았니?

13 (   ) outside   우리는 어제 밖에서 놀지 않았니?

14 (   ) fine   그들은 멋진 광경을 보지 않았니?

15 (   ) eye   너는 눈을 깜빡이지 않았니?

현재진행 의문문
"우리는 (~행동)하는 중이야?"

1 ( ) play		너는 장난감을 가지고 노는 중이니?
2 ( ) get		그 소녀는 사탕을 얻는 중이니?
3 ( ) trap		사람들은 함정을 설치하는 중이니?
4 ( ) big		너는 큰 돌을 줍는 중이니?
5 ( ) bug		이 벌레는 기어가는 중이니?
6 ( ) dog		이 개는 짖는 중이니?
7 ( ) cat		이 고양이는 간식을 먹는 중이니?
8 ( ) pig		이 돼지는 자라는 중이니?
9 ( ) duck		저 오리는 수영하는 중이니?
10 ( ) frog		그 개구리는 자는 중이니?
11 ( ) dance		너는 그와 춤추는 중이니?
12 ( ) sky		너는 하늘을 쳐다보는 중이니?
13 ( ) fly		그 새가 날아가는 중이니?
14 ( ) feet		네 발은 커지는 중이니?
15 ( ) tall		네 여동생은 키가 커지는 중이니?

과거진행 의문문
"우리는 (~행동)하는 중이었어?"

1 (	) lotion	너는 아침에 손에 로션을 바르는 중이었니?
2 (	) take a rest	그녀는 집에서 쉬는 중이었나요?
3 (	) back	너는 아침에 등을 씻는 중이었니?
4 (	) count	그 아이들은 학교에서 숫자를 세는 중이었니?
5 (	) chicken pox	그는 수두를 치료하는 중이었니?
6 (	) batch	그녀는 쿠키를 한 판 굽는 중이었니?
7 (	) tummy	그는 아침에 배를 두드리는 중이었니?
8 (	) nose	그녀는 자기 코를 만지는 중이었니?
9 (	) rub	그 아이는 배를 문지르는 중이었니?
10 (	) scratch	그 학생은 등을 긁는 중이었니?
11 (	) spot	그 의사는 점을 제거하는 중이었나요?
12 (	) toe	그는 발가락을 구부리는 중이었나요?
13 (	) another	선생님은 또 다른 학생을 기다리는 중이었나요?
14 (	) stay	너희들은 작년에 그 집에 머무르는 중이었니?
15 (	) oatmeal	그들은 오트밀을 먹는 중이었나요?

현재진행 부정의문문
"우리는 (~행동)하는 중 아니야?"

1 ( ) wear	너는 유니폼을 입는 중 아니니?
2 ( ) ballerina	그 발레리나는 연습하는 중 아니니?
3 ( ) star	그 인기 스타는 노래하는 중 아니니?
4 ( ) each other	그 두 선수는 서로 싸우는 중 아니니?
5 ( ) pretend	저 스파이는 다른 사람인 척하는 중 아니니?
6 ( ) act	그 군인은 그가 원하는 대로 행동하는 중 아니니?
7 ( ) show	그 사장은 조카의 공연을 관람하는 중 아니니?
8 ( ) opposite	그 수영선수는 반대편 둑으로 헤엄치는 중 아니니?
9 ( ) get	그 연극배우는 배역을 따내려고 노력하는 중 아니니?
10 ( ) turn	저 방문객들은 자기 차례를 기다리는 중 아니니?
11 ( ) point	그 발레 연습생은 발끝을 세우는 중 아니니?
12 ( ) being	저 할아버지는 취하고 있는 중 아니니?
13 ( ) actor	그 극단에서는 배우를 찾는 중 아니니?
14 ( ) explode	그 폭탄은 폭발하는 중 아니니?
15 ( ) vacation	그 가족은 휴가를 가는 중 아니니?

과거진행 부정의문문
"우리는 (~행동)하는 중 아니었어?"

1 ( ) stinky	너는 냄새나는 개를 씻기는 중 아니었니?
2 ( ) black	그는 검은색 구두를 사는 중 아니었니?
3 ( ) stray	길 잃은 여우가 울고 있는 중 아니었니?
4 ( ) many	많은 동물들이 물을 마시는 중 아니었니?
5 ( ) furry	너는 털로 덮인 옷을 찾는 중 아니었니?
6 ( ) chilly	그는 차가운 얼음을 부수는 중 아니었니?
7 ( ) cat	너는 고양이를 키우는 중 아니었니?
8 ( ) rich	그 부자는 돈을 더 버는 중 아니었니?
9 ( ) nice	그들은 좋은 차를 운전하는 중 아니었니?
10 ( ) grey	그 회색 구름은 움직이는 중 아니었니?
11 ( ) sofa	그녀는 그 소파를 수선하는 중 아니었니?
12 ( ) bed	너는 침대 위에서 자는 중 아니었니?
13 ( ) sleep	아기는 자는 중 아니었니?
14 ( ) mom	엄마는 요리를 하는 중 아니었니?
15 ( ) run	너희들은 달리는 중 아니었니?

의문사 what - 조동사 의문문
"우리가 무엇을 (~행동)할 수 있어?"

1 (	) do	우리가 무엇을 할 수 있어?
2 (	) have to	우리가 무엇을 해야만 했어?
3 (	) read	너는 무엇을 읽을 거야?
4 (	) should	그들이 무엇을 사는 게 좋을까?
5 (	) for	제가 당신을 위해서 무엇을 해드릴 수 있을까요?
6 (	) cook	우리가 아침으로 무엇을 요리할 수 있을까?
7 (	) say	엄마가 그녀를 위해 무엇을 이야기하는 게 좋을까?
8 (	) yesterday	너는 어제 무엇을 할 수 없었어?
9 (	) say	내가 뭐라고 말하는 게 좋을까?
10 (	) make	그가 무엇을 만들까?
11 (	) kitchen	우리가 주방에서 무엇을 만들어야만 했을까?
12 (	) song	너는 무슨 노래를 부를 수 있어?
13 (	) teach	그들이 무엇을 가르칠 거야?
14 (	) picture	너는 어떤 그림을 볼 수 있어?
15 (	) eat	네가 무엇을 먹는 게 좋을까?

의문사 where - 조동사 의문문
"우리가 어디에서 (~행동)할 수 있어?"

1 (	) can	우리가 어디에서 그것을 할 수 있어?
2 (	) take a rest	네가 어디에서 쉬는 게 좋을까?
3 (	) go	그들은 어디로 갈 거니?
4 (	) company	그 회사는 어디에서 사업을 할 수 있니?
5 (	) run	그는 어디에서 출마할 수 있니?
6 (	) sing	내가 어디에서 노래하는 게 좋을까?
7 (	) artist	그 예술가는 어디에서 공연하는 게 좋을까?
8 (	) tonight	그들은 오늘 밤 어디에서 잘 수 있니?
9 (	) together	우리가 어디에서 함께 살 수 있니?
10 (	) couple	그 커플은 어디에서 결혼할 수 있니?
11 (	) concert	그 콘서트는 어디에서 개최될 거니?
12 (	) peacefully	동물들이 어디에서 평화롭게 살 수 있니?
13 (	) drive	우리는 어디에서 운전할 거야?
14 (	) live	그들은 어디에서 살 거야?
15 (	) study	모든 학생들은 어디에서 공부할 수 있니?

의문사 why - 조동사 의문문
"우리가 왜 (~행동)할 수 있어?"

1 ( ) hawk	왜 너는 저 매를 키워야만 하니?
2 ( ) do	왜 너는 그 일을 할 수 있니?
3 ( ) find	왜 그가 그 집을 찾을 수 있니?
4 ( ) continent	왜 우리는 새로운 대륙을 찾아야만 했니?
5 ( ) hammer	왜 그는 망치를 사용하지 않을 거니?
6 ( ) fancy	왜 우리는 화려한 크리스마스트리를 사야만 하니?
7 ( ) bucket	왜 너는 저 양동이를 찾을 수 없었니?
8 ( ) spring	왜 우리가 봄에 캠핑을 가는 게 좋겠니?
9 ( ) angry	왜 성난 사람들이 잠들지 못하니?
10 ( ) capture	왜 그 사냥꾼은 호랑이를 사로잡을 수 없었니?
11 ( ) destroy	왜 그 회사는 그 건물을 파괴해야만 하니?
12 ( ) talent	왜 너는 너의 재능을 찾을 수 없니?
13 ( ) queen	왜 우리는 여왕을 만날 수 없니?
14 ( ) hole	왜 저 토끼는 구멍으로 뛰어들어야 하니?
15 ( ) music box	왜 가게 주인이 뮤직 박스를 트는 게 좋겠니?

의문사 what - 조동사 부정의문문
"우리가 무엇을 (~행동)할 수 없어?"

1 (	) shouldn't	우리가 무엇을 하지 않는 게 좋아?
2 (	) won't	우리가 무엇을 안 할 거야?
3 (	) can't	너는 무엇을 볼 수 없어?
4 (	) watch	너는 무엇을 안 볼 거야?
5 (	) think	그들이 무슨 생각을 하지 않는 게 좋을까?
6 (	) animal	동물들은 무엇을 할 수 없었어?
7 (	) sing	내가 무엇을 노래할 수 없어?
8 (	) cook	그가 무엇을 요리하지 않는 게 좋아?
9 (	) thief	그 도둑은 무엇을 훔치지 않는 게 좋아?
10 (	) choose	우리가 무엇을 선택하지 않는 게 좋을까?
11 (	) imagine	그들이 무엇을 상상할 수 없어?
12 (	) boat	너는 무슨 보트를 고르지 않을 거야?
13 (	) clothes	내가 무슨 옷을 입지 않는 게 좋아?
14 (	) house	우리가 어떤 집을 구입할 수 없어?
15 (	) chair	내가 어떤 의자에 앉을 수 없어?

의문사 where - 조동사 부정의문문
"우리가 어디에서 (~행동)할 수 없어?"

1 (	) go	우리가 어디에 갈 수 없어?
2 (	) enter	내가 어디에 들어가지 않는 게 좋아?
3 (	) stay	우리가 어디에 머무르지 않을 거야?
4 (	) sleep	너는 어디에서 잘 수 없었어?
5 (	) play	우리가 어디에서 놀 수 없어?
6 (	) student	학생들은 어디에서 공부할 수 없어?
7 (	) people	사람들은 어디에서 낚시하는 것을 좋아할까?
8 (	) choose	내가 어디에서 자동차를 선택하는 게 좋아?
9 (	) live	동물들이 살지 않는 곳은 어디일까?
10 (	) buy	내가 어디에서 책을 살까?
11 (	) read	그들이 어디에서 책을 읽지 않는 게 좋아?
12 (	) priest	신부님이 어디에서 기도하길 원하지 않을까?
13 (	) approach	그 의사가 어디에 접근할 수 없었어?
14 (	) see	우리가 어디에서 그 영화를 볼 수 없어?
15 (	) visit	그는 어디를 방문할 수 없어?

의문사 why - 조동사 부정의문문
"우리가 왜 (~행동)할 수 없어?"

1 ( ) there	왜 너는 거기에 가지 않을 거니?	
2 ( ) anything	왜 나는 아무것도 할 수 없지?	
3 ( ) outside	왜 내가 밖에 나가지 않는 게 좋아?	
4 ( ) call	왜 너는 한 번도 나한테 전화할 수 없었어?	
5 ( ) see	왜 너는 날 보지 못해?	
6 ( ) feel	왜 로봇은 아무것도 느끼지 못해?	
7 ( ) come	왜 그들은 여기에 오지 않을 거야?	
8 ( ) imagine	왜 너는 미래를 상상하지 못해?	
9 ( ) wear	왜 그녀는 그 셔츠를 입지 않는 게 좋아?	
10 ( ) enter	왜 내가 그 회사에 들어갈 수 없어?	
11 ( ) eat	왜 내가 이것을 먹지 않는 게 좋아?	
12 ( ) chef	왜 요리사가 나를 위해 요리할 수 없어?	
13 ( ) study	왜 학생들이 공부를 할 수 없어?	
14 ( ) pass	왜 너는 시험에 통과하지 않을 거야?	
15 ( ) have to	왜 너는 그것을 하지 말아야 하니?	

의문사 what - 의문문 현재
"우리가 무엇을 (~행동)해?"

1 ( ) now		우리는 이제 뭐해?
2 ( ) see		그들은 뭘 봐?
3 ( ) clothes		그는 파티에서 무슨 옷을 입어?
4 ( ) do		내가 널 위해서 뭘 할까?
5 ( ) like		너는 무슨 색을 좋아해?
6 ( ) spaceship		너는 무슨 우주선을 타고 싶어?
7 ( ) dream		그녀는 무슨 꿈을 가지고 있어?
8 ( ) thought		너는 무슨 생각을 하니?
9 ( ) chair		너는 무슨 의자를 사고 싶니?
10 ( ) turtle		저 거북은 뭘 하니?
11 ( ) chance		너는 무슨 기회를 잡았니?
12 ( ) sing		너는 무슨 노래를 부르니?
13 ( ) make		엄마가 무슨 음식을 만드니?
14 ( ) have		너는 뭘 가졌니?
15 ( ) happy		무엇이 너를 행복하게 하니?

의문사 where - 의문문 현재
"우리가 어디에서 (~행동)해?"

1 (	) live	우리가 어디에서 살아?
2 (	) sleep	그들은 어디에서 자?
3 (	) work	그는 어디에서 일해?
4 (	) sing	그녀는 어디에서 노래해?
5 (	) hide	그 쥐들은 어디에 숨어?
6 (	) teach	그 선생님은 어디에서 가르쳐?
7 (	) buy	내가 어디에서 그것을 구입할까?
8 (	) want	너는 어디에 살기를 원하니?
9 (	) eat	그들은 어디에서 먹어?
10 (	) visit	아빠가 어디를 방문하시니?
11 (	) that	그가 그것을 어디에서 사?
12 (	) where	너는 어디에서 살기 원해?
13 (	) fox	그 여우는 어디에 가니?
14 (	) go	학생들은 매일 어디에 가니?
15 (	) stay	사람들은 어디에서 머무르니?

의문사 why - 의문문 현재
"우리가 무엇을/어디에/왜 (~행동)해?"

1 (	) do	왜 우리가 그것을 해야만 해?
2 (	) here	왜 그들이 이곳에 와?
3 (	) everyday	왜 아빠는 매일 일하러 가?
4 (	) until	왜 너는 지금까지 집에 머물러 있어?
5 (	) song	왜 그는 저 노래를 불러?
6 (	) hat	왜 그 소녀는 그 모자를 써?
7 (	) umbrella	왜 저 남자는 그 우산을 써?
8 (	) run	너는 왜 뛰어?
9 (	) player	왜 선수들이 소리쳐?
10 (	) pink	왜 저 분홍색 차가 움직여?
11 (	) nail it	왜 그가 해내는 거지?
12 (	) plane	왜 비행기가 땅 위로 착륙하지?
13 (	) leader	왜 우리 대표가 말하는 거지?
14 (	) canoe	왜 너는 카누를 타니?
15 (	) weekday	왜 우리가 평일에 만나?

의문사 what - 부정의문문 현재
"우리가 무엇을 (~행동) 안 해?"

1 (	) fruit	저 농부는 무슨 과일을 키우지 않니?
2 (	) go over	그들은 무엇을 넘지 않아?
3 (	) find	우리는 무엇을 찾지 않아?
4 (	) wash	그녀는 무엇을 씻지 않아?
5 (	) see	그는 무엇을 보지 않아?
6 (	) think	너는 무엇을 생각하지 않아?
7 (	) study	내가 무엇을 공부하지 않아?
8 (	) eat	고양이들은 무엇을 먹지 않아?
9 (	) flower	저 소녀는 무슨 꽃을 좋아하지 않아?
10 (	) climb	그는 어떤 산 위에 올라가지 않아?
11 (	) river	너는 어떤 강에서 수영하지 않아?
12 (	) watch	그들은 어떤 부분을 보지 않아?
13 (	) house	너는 어떤 집에 살고 싶지 않아?
14 (	) have	학생들은 어떤 우산을 갖고 싶어 하지 않아?
15 (	) food	너는 어떤 음식을 먹지 않니?

의문사 where - 부정의문문 현재
"우리가 어디에서 (~행동) 안 해?"

1 (	) want	너는 어디를 가고 싶지 않니?
2 (	) live	그들은 어디에 살지 않니?
3 (	) pest	해충은 어디에서 자라지 않아?
4 (	) dog	너의 개는 어디에 들어가지 않아?
5 (	) fun	그 재미있는 아이는 어디에서 놀지 않아?
6 (	) food	그들은 어디에서 음식을 먹지 않아?
7 (	) cellphone	사람들은 어디에서 핸드폰을 사용하지 않아?
8 (	) friend	너의 친구는 어디에 가고 싶어 하지 않아?
9 (	) go	우리가 어디로 가지 않아?
10 (	) attack	군대가 어디를 공격하지 않아?
11 (	) dictator	그 독재자는 어디를 신경 쓰지 않아?
12 (	) women	여자들은 어디를 가지 않아?
13 (	) men	남자들은 보통 어디에 머무르지 않아?
14 (	) rabbit	그 토끼는 어디로 뛰어가지 않아?
15 (	) cat	그 고양이는 어디에서 잠을 안자니?

의문사 - 의문문 현재진행
"우리는 무엇을/어디에/왜 (~행동)을 하는 중이야?"

1 (   ) clock   왜 시계는 움직이는 중이야?

2 (   ) ask   왜 너는 사람들한테 방향을 물어보는 중이야?

3 (   ) speak   왜 그들이 말하는 중이야?

4 (   ) today   그들은 오늘 무엇을 하는 중이야?

5 (   ) bird   왜 새는 날아오르는 중이야?

6 (   ) train   언제 그들이 기차를 타는 중일까?

7 (   ) tail   왜 도마뱀의 꼬리는 길어지는 중일까?

8 (   ) cry   왜 아기가 우는 중이야?

9 (   ) happy   왜 그들은 행복한 아이를 만나는 중이야?

10 (   ) walk   왜 우리는 걷는 중이야?

11 (   ) noise   왜 너는 그런 소음을 만드는 중이야?

12 (   ) floor   왜 그들은 바닥을 공사하는 중이야?

13 (   ) stage   왜 그가 무대를 올라가는 중이야?

14 (   ) clap   왜 사람들이 박수를 치는 중이야?

15 (   ) sway   왜 그네가 흔들리는 중이야?

의문사 - 의문문 현재진행 부정
"우리는 무엇을/어디에/왜 (~행동)을 하는 중 아니야?"

1 ( ) stuff		왜 그는 물건을 전부 치우는 중이니?
2 ( ) stay		왜 너는 호텔에 머무르는 중이 아니니?
3 ( ) block		언제부터 그는 시장에서 블록을 사기 시작했니?
4 ( ) Friday		왜 너는 숙제를 금요일에도 하지 않는 중이니?
5 ( ) Wednesday		그녀는 수요일에 빌린 책을 읽지 않고 있니?
6 ( ) special		그는 그 특별한 파티에서 춤추는 중 아니니?
7 ( ) guess		왜 너는 아무것도 추측해보지 않는 중이니?
8 ( ) gold		그 아이들은 금을 캐러 다니는 중 아니니?
9 ( ) pet		그녀는 이모의 반려동물을 돌보는 중 아니니?
10 ( ) Monday		너의 친구는 월요일에도 돌아가지 않을 거니?
11 ( ) Thursday		그들은 목요일까지 그 여행을 끝내지 않을 거니?
12 ( ) teddy bear		왜 너의 언니가 내 곰 인형을 찾는 중이니?
13 ( ) baseball		그는 집에서 TV로 야구 경기를 보고 있는 중 아니니?
14 ( ) trouble		그 아이는 지금도 문제를 만드는 중 아니니?
15 ( ) exercise question	너는 연습문제를 푸는 중 아니니?	

의문사 - 의문문 과거진행
"우리는 무엇을/어디에/왜 (~행동)을 하는 중이었어?"

1 ( ) rush		그 황소는 어디서 투우사를 향해 달려들던 중이었니?
2 ( ) henhouse		그 도둑은 닭장에서 무엇을 찾던 중이었니?
3 ( ) rooster		왜 그 농부는 수탉에게 화를 내던 중이었니?
4 ( ) missing		누가 잃어버린 물건을 되돌려주던 중이었니?
5 ( ) feed		그 사육사는 코끼리에게 무엇을 주던 중이었니?
6 ( ) milk		네 누나는 언제 우유를 사던 중이었니?
7 ( ) large		왜 그 운동선수들은 큰 교실에서 모여 있던 중이었니?
8 ( ) tanker		무엇이 대형 선박에 실리던 중이었니?
9 ( ) wake		누가 잠꾸러기를 깨우던 중이었니?
10 ( ) count		그 은행원이 언제 동전을 세던 중이었니?
11 ( ) garden		그 정원사는 정원에서 무엇을 키우던 중이었니?
12 ( ) cow		그 농부는 어디서 소를 키우던 중이었니?
13 ( ) corn		누가 멕시코식 옥수수 요리를 만들던 중이었니?
14 ( ) field		왜 그 말은 평야를 달리던 중이었니?
15 ( ) sheep		교장 선생님은 어디에서 양에 관해 이야기하던 중이었니?

의문사 - 의문문 과거진행 부정
"우리는 무엇을/어디에/왜 (~행동)을 하는 중 아니었어?"

1 (	) fire	왜 그 학생은 불 앞에 앉아 있지 않았니?
2 (	) make	그 할머니가 어디서 음식을 만들고 있던 중 아니었니?
3 (	) striped	누가 줄무늬가 있는 옷을 입고 있던 중 아니었니?
4 (	) eat	그 사자는 무엇을 먹고 있던 중 아니었니?
5 (	) wise	그 현명한 할아버지는 언제 방문하고 있던 중 아니었니?
6 (	) field	왜 그 토끼는 들판을 뛰어다니지 않았니?
7 (	) grass	그 말은 어디서 풀을 찾아다니던 중 아니었니?
8 (	) tie	누가 밧줄을 묶어두던 중 아니었니?
9 (	) get	그 소년은 어디서 음식을 얻던 중 아니었니?
10 (	) tiger	그 호랑이가 언제 산으로 올라가던 중 아니었니?
11 (	) strong	그 강한 전사는 무엇을 찾던 중 아니었니?
12 (	) husband	누가 그 할머니의 남편을 만나던 중 아니었니?
13 (	) servant	왜 그 하인은 말을 돌보지 않았니?
14 (	) snake	그 뱀은 어디에서 잠을 자던 중 아니었니?
15 (	) with	누가 친구들과 함께 놀던 중 아니었니?

부정문 현재/과거 MIX

1 ( ) monster		그 괴물은 아무도 해치지 않아.
2 ( ) leaf		내 삼촌은 잎을 하나도 줍지 않았어.
3 ( ) hungry		그 가족은 어제 배가 고프지 않았어.
4 ( ) head		내 머리는 전혀 크지 않아.
5 ( ) give		그 부자는 내게 단 한 푼도 주지 않았어.
6 ( ) smile		그는 자주 웃지 않아.
7 ( ) seed		그 버섯 씨앗은 비싸지 않았어.
8 ( ) mouse		그 펫 숍에서는 쥐를 팔지 않았어.
9 ( ) eat		그 가게에서는 먹을 것을 팔지 않아.
10 ( ) toad		그 겁먹은 다람쥐는 두꺼비에게서 도망쳤어.
11 ( ) bug		그 사자는 벌레를 원하지 않아.
12 ( ) fox		내 사촌은 여우를 좋아하지 않아.
13 ( ) scared		나는 무섭지 않았어.
14 ( ) horrible		그들은 어제 그 강당에서 무서운 영화를 상영했어.
15 ( ) hope		그 축구선수들은 희망을 잃지 않았어.

부정문 현재/과거진행 MIX

1	(	) stop	그 자동차는 멈추는 중이 아니야.
2	(	) follow	나비는 나를 따라오는 중이 아니었어.
3	(	) bush	토끼는 덤불에 숨어 있는 중이 아니야.
4	(	) butterfly	나비는 앉아 있는 중이 아니었어.
5	(	) yellow	우리는 노란 옷을 입고 있는 중이 아니야.
6	(	) pebble	그들은 자갈을 강 위에 던지는 중이 아니었어.
7	(	) call	선생님은 나를 부르는 중이 아니야.
8	(	) jump	메뚜기는 점프하는 중이 아니었어.
9	(	) log	그 통나무는 강 위에 떠내려가는 중이 아니야.
10	(	) flutter	벚꽃 잎이 흩날리는 중이 아니었어.
11	(	) fly	비행기는 날아가는 중이 아니야.
12	(	) flower	우리는 꽃향기를 맡는 중이 아니었어.
13	(	) tree	우리는 나무에 올라가는 중이 아니야.
14	(	) mitten	엄마는 벙어리장갑을 만드는 중이 아니었어.
15	(	) home	우리는 집으로 가는 중이 아니야.

의문사 의문문 현재/과거 MIX

1	(	) want to	너는 뭘 하고 싶니?
2	(	) silly	그 어리석은 남자는 어디에 있니?
3	(	) climb	너는 어떤 산을 올라가니?
4	(	) towel	왜 너는 수건을 사용하니?
5	(	) bedtime	언제 네가 잘 시간이야?
6	(	) sprinkler	어디에 스프링클러가 있어?
7	(	) see	그들은 무엇을 보니?
8	(	) bath	아기는 언제 목욕했어?
9	(	) clean	왜 그는 깨끗한 방에서 안 자니?
10	(	) roll	강아지는 어디에서 구르니?
11	(	) mud	언제 친구들이 진흙 위에서 넘어졌니?
12	(	) nice	그 멋진 집은 어디에 있니?
13	(	) bow	왜 너는 그의 앞에서 머리를 숙이니?
14	(	) dig	언제 그들이 마당에 구멍을 팠니?
15	(	) growl	누가 으르렁거리는 소리를 내니?

미래진행 평서문

1 (	) project	너는 그 프로젝트를 진행하는 중일 거야.
2 (	) get dressed	학생들은 강당에서 옷을 입는 중일 거야.
3 (	) lunch	우리는 점심을 먹는 중일 거야.
4 (	) sleep	나의 가족은 밤에 자는 중일 거야.
5 (	) go	그들은 새로운 나라로 가는 중일 거야.
6 (	) clothes	나는 쇼핑몰에서 옷을 사는 중일 거야.
7 (	) take a walk	너희는 공원에서 산책하는 중일 거야.
8 (	) this evening	우리는 오늘 저녁에 새로운 계획을 짜는 중일 거야.
9 (	) house	건축업자들은 그 집을 수리하는 중일 거야.
10 (	) take a shower	우리는 수영장에서 샤워하는 중일 거야.
11 (	) write	나는 소설을 쓰는 중일 거야.
12 (	) speak	나는 학생 대표로 사람들 앞에서 말하는 중일 거야.
13 (	) closet	아이들은 벽장 안에 숨는 중일 거야.
14 (	) supper	엄마는 완벽한 저녁 식사를 준비하는 중일 거야.
15 (	) remember	할아버지는 모든 추억을 기억하는 중일 거야.

미래진행 부정문

1 ( ) altogether	그들은 모두 함께 노는 중이 아닐 거야.
2 ( ) owner	그 주인은 음식을 만들고 있는 중이 아닐 거야.
3 ( ) apply	그는 그 회사에 지원하는 중이 아닐 거야.
4 ( ) awful	내 친구는 그 끔찍한 영화를 보는 중이 아닐 거야.
5 ( ) letter	그는 나에게 편지를 쓰고 있는 중이 아닐 거야.
6 ( ) contest	그 대회는 개최되지 않을 거야.
7 ( ) suburb	그들은 교외에서 사는 중이 아닐 거야.
8 ( ) bicycle	아이들은 자전거를 타는 중이 아닐 거야.
9 ( ) explain	경찰관은 길을 설명하는 중이 아닐 거야.
10 ( ) license	공무원들은 허가증을 발행하는 중이 아닐 거야.
11 ( ) go	사람들은 교회에 가는 중이 아닐 거야.
12 ( ) enough	그들은 충분한 돈을 모으는 중이 아닐 거야.
13 ( ) get smaller	그 회사는 작아지지 않을 거야.
14 ( ) visit	순례자들은 성지를 방문하는 중이 아닐 거야.
15 ( ) partner	나의 동반자는 나의 생일을 준비하는 중이 아닐 거야.

의문문 복합 MIX

1 ( ) throat		언제 너의 목구멍이 아팠니?
2 ( ) tummy		너의 배는 얼마나 부른 거야?
3 ( ) drive		언제부터 너는 운전할 수 있었니?
4 ( ) patient		얼마나 많은 환자들이 이 병원에 입원했나요?
5 ( ) develop		어떻게 그 시장은 그 도시를 발전시켰나요?
6 ( ) rubber ball		얼마나 많은 고무공들이 그 풀 안에 있니?
7 ( ) taste		이 수프는 비린 맛이 나니?
8 ( ) resist		너는 더 참을 수 없니?
9 ( ) stethoscope		그 의사가 청진기를 안 차고 있어?
10 ( ) apron		네가 이번 엄마 생일에 앞치마를 하나 사드릴래?
11 ( ) operation		그 의사의 수술은 얼마나 환상적이니?
12 ( ) fall down		그 건물은 완전히 무너졌어?
13 ( ) at least		그는 적어도 거짓말은 안 할걸?
14 ( ) get up		아이들은 오늘 아침에 몇 시에 일어났어?
15 ( ) pill		네 생각에 내가 알약을 조금 먹는 게 좋겠니?

기초 시제 연습 MIX

1 (	) garbage	왜 너는 쓰레기를 안 버렸어?
2 (	) win	그들은 농구 게임에서 이겼니?
3 (	) rule	얼마나 많은 규칙이 거기에 있니?
4 (	) promise	너 나한테 약속해줄 수 있어?
5 (	) race	나는 그 경주에 참가할 거야.
6 (	) bedroom	아이들은 침실에서 자고 있니?
7 (	) throw	너 그 공을 나한테 던져줄 수 있어?
8 (	) game	얼마나 많은 게임에 너는 참여했니?
9 (	) princess	너는 공주를 만났니?
10 (	) cell	그는 암실에 있었니?
11 (	) sorrow	나는 깊은 슬픔에 빠져 있었어.
12 (	) happen	어젯밤에 무슨 일 있었어?
13 (	) fix	너 날 위해서 이 차를 고쳐줄 수 있니?
14 (	) medal	얼마나 많은 메달을 그 나라는 땄니?
15 (	) wrong	나는 시험지에 잘못된 답을 썼어.

1-1 평서문 현재

1	(사람) person	I am a person.
2	(회색) gray	The clouds are gray.
3	(즐거운) fun	Children are fun.
4	(행복한) happy	We are happy.
5	(귀여운) cute	Coco is cute.
6	(있다) be	Mom is at home.
7	(옆에) beside	My sister is beside me.
8	(위에) on	A cat is on the car.
9	(늦은) late	You are late today.
10	(예쁜) pretty	You are really pretty.
11	(서두르는) in a hurry	They are in a hurry.
12	(키 큰) tall	My brother is tall.
13	(나쁜) bad	She is a bad girl.
14	(여기) here	I am right here.
15	(~가 있다) there's	There's a sheep.

1-2 평서문 현재

1	(보다) see	I see the sky.
2	(오다) come	My friends come to my house.
3	(타다) ride	He rides on the bus.
4	(놀다) play	I play with mud.
5	(기다) crawl	A baby crawls on the floor.
6	(닦다) wipe	Mom wipes the window.
7	(기다리다) wait	We wait our turn.
8	(가져가다) take	We take a book.
9	(사다) buy	The man buys a hat.
10	(먹다) have	They have breakfast.
11	(머무르다) stay	They stay with us.
12	(긁다) scratch	I scratch my head.
13	(엎지르다) spill	I often spill the water.
14	(가져오다) bring	I bring a pretty ribbon.
15	(필요하다) need	I need a small bag.

1-3 평서문 과거

1	(있다) be	The hose was at the yard.
2	(새끼 고양이) kitty	A kitty was there.

3	(종소리) bell	The bell sound was beautiful.
4	(맛있는) delicious	The bread of the bakery was delicious.
5	(사이렌) siren	The siren was too loud.
6	(높은) high	The mountain was very high.
7	(친절한) kind	The driver was kind.
8	(소방관들) firemen	They were five firemen.
9	(잘생긴) handsome	He was handsome.
10	(불) fire	The fire was very big.
11	(젖은) wet	The schoolyard was wet.
12	(트럭) truck	The truck was very big.
13	(키 큰) tall	The tree was tall.
14	(여기에) here	We were here.
15	(호스) hose	The hose was long.

1-4 평서문 과거

1	(국) stew	I had a bowl of stew with my friend.
2	(폴짝 뛰다) hop	I hopped with my friend.
3	(해안가) shore	We walked on the shore yesterday.
4	(괴물) monster	The monster swallowed a stone.
5	(올라가다) climb	We climbed on the high mountain.
6	(소굴) den	They went into the den last week.
7	(깨다) wake up	We woke up early in the morning.
8	(뛰어넘다) jump over	The horse jumped over the hurdle.
9	(깡충 뛰다) skip	My friend skipped.
10	(일곱 시에) at seven	We had breakfast at seven.
11	(운전하다) drive	My friends drove a red car.
12	(영웅) hero	We waited for a hero.
13	(터벅터벅 가다) jog away	He jogged away to his home.
14	(살금살금 가다) sneak away	We sneaked away from school.
15	(도망가다) run away	The thief ran away from us.

1-5 현재진행형

1	(일어나다) happen	What is happening?
2	(빨간) red	I am driving a red car.
3	(보다) look	I am looking at you.
4	(그림) painting	The painting is being sold at a high price now.
5	(공부하다) study	I am studying.
6	(사용하다) use	I'm using this pen.
7	(꼬리) tail	The dog is wagging its tail.
8	(담그다) dip	I'm dipping my feet in the water.
9	(약간의) some	We are adding some syrup in the coffee.
10	(더) more	I am gathering more pens.
11	(파란) blue	The sky is turning blue now.
12	(섞다) mix	I am mixing two cards.

13 (붓) brush   I am sharpening the brush.
14 (노란) yellow   The flower is turning yellow.
15 (발) feet   His feet are getting bigger.

1-6 과거진행형

1   (모두) everyone   Everyone was dancing.
2   (학교) school   We were studying at school.
3   (오다) come   They were coming.
4   (항해하다) sail   The sailors were sailing.
5   (이야기) story   He was making a story.
6   (연못) pond   She was designing a pond.
7   (가다) go to   I was going to the town.
8   (머무르다) stay   You were staying at home.
9   (공원) park   We were taking a rest at the park.
10 (듣다) listen   They were listening to the story.
11 (간식) snack   Children were eating a snack.
12 (놀다) play   They were playing at the yard.
13 (선생님) teacher   The teacher was teaching us.
14 (만나다) meet   I was meeting him.
15 (학급) class   The class was exercising.

1-7 과거진행 부정

1   (나쁜) bad   The bad kid was not getting punished.
2   (하지 않다) do not   I was not doing my homework.
3   (던지다) throw   The boys were not throwing the ball.
4   (어제) yesterday   I was not looking at you yesterday.
5   (흔들다) wag   The dog was not wagging his tail.
6   (집) home   I was not watching TV at home.
7   (멈추다) stop   The car was not stopping.
8   (굴리다) roll   I was not rolling the toilet paper.
9   (막대기) stick   You were not breaking the stick.
10 (꼬리) tail   The lizard's tail was not growing.
11 (주다) give   People were not giving bread.
12 (자다) sleep   I was not sleeping.
13 (다시) again   They were not starting again.
14 (핥다) lick   The cat was not licking its hair.
15 (사진 찍다) take a picture   He was not taking a picture.

1-8 현재진행 부정

1   (놀다) play   We are not playing at the yard.
2   (올려다보다) look up   They are not looking up the sky.
3   (내려오다) come down   I'm not coming down the tree.
4   (오다) come   You are not coming here.
5   (지금) now   I'm not thinking now.

6   (말하다) say   We are not saying in front of people.
7   (찾다) find   They are not finding treasure.
8   (도망가다) run away   I'm not running away.
9   (뛰다) run   The girl is not running.
10   (놀다) play   They are not playing at the schoolyard.
11   (머무르다) stay   I'm not staying at home.
12   (뛰다) jump   The frog is not jumping.
13   (올라가다) climb   We are not climbing on the mountain.
14   (가다) go   They are not going home.
15   (걷다) walk   I'm not walking on the street.

1-9 조동사 평서문

1   (식물) plant   I can grow plant.
2   (비) rain   I can get rained on.
3   (숨다) hide   We will hide.
4   (주차하다) park   We should park here.
5   (긴) long   You should buy this long ruler.
6   (털 많은) hairy   You should meet the hairy teacher.
7   (활기찬) perky   I will play with a perky girl.
8   (잎사귀) leaf   I can pick up the leaf.
9   (큰) big   I can find my big brother.
10   (우박) hail   We will bring the hail.
11   (나누다) divide   We should divide the sort.
12   (도착하다) reach   We can reach school.
13   (떠나다) leave   I will leave.
14   (심다) plant   Mom can plant flowers.
15   (자라다) grow   The tree can grow well.

1-10 조동사 부정문

1   (차이점) difference   You can't see the difference.
2   (소리치다) shout   I won't shout.
3   (아무것도) anything   I can't find anything.
4   (화난) angry   I won't be angry.
5   (십자가) cross   I won't hang the cross.
6   (배고픈) hungry   You shouldn't go by the hungry lion.
7   (순서) turn   We shouldn't wait our turn.
8   (소원) wish   I can't make a wish.
9   (찾다) find   I won't find you.
10   (돕다) help   You shouldn't help me.
11   (소시지) sausage   We won't split up the sausage.
12   (가루) powder   You shouldn't touch the powder.
13   (옳은) correct   You shouldn't write the correct answer.
14   (달리다) run   He can't run.
15   (점) spot   She can't find the spot on the paper.

1-11 부정문 현재

1	(밖에) outside	I'm not outside.
2	(색) color	The color is not bright.
3	(행복한) happy	He is not happy.
4	(짧은) short	His legs are not short.
5	(머리카락) hair	His hair color is not dark.
6	(말발굽) hoof	The hoof is not thick.
7	(어리석은) silly	The puppy is not silly.
8	(하늘) sky	The sky is not clear.
9	(안장) saddle	The saddle is not useless.
10	(빛) light	The light is not dark.
11	(먼) far	The beauty salon is not far from here.
12	(소원) wish	Her wish is not big.
13	(너희들) guys	You guys are not kind.
14	(긴) long	My hair is not long.
15	(예쁜) pretty	Her clothes are not pretty.

1-12 부정문 현재

1	(꽃) flower	She doesn't eat flowers.
2	(웃다) laugh	My sister usually doesn't laugh.
3	(멋진) cool	He doesn't wear cool clothes.
4	(잎) leaf	The leaf doesn't fall.
5	(오다) come	The cat doesn't come.
6	(말) horse	The horse doesn't run.
7	(설거지하다) do the dishes	Dad doesn't do the dishes.
8	(토끼) bunny	The bunny doesn't walk.
9	(입다) wear	I don't wear the shirt.
10	(드레스) dress	They don't wear the dress.
11	(탑) tower	They don't walk toward the tower.
12	(잔디) grass	The grass doesn't grow anymore.
13	(잠들다) asleep	Students don't fall asleep.
14	(넘어지다) fall down	I don't fall down.
15	(뜨다) rise	The sun doesn't rise in the west.

1-13 부정문 과거

1	(아무도 없는) nobody	Nobody was there.
2	(큰) tall	They were not tall.
3	(파란) blue	The door was not blue.
4	(맛있는) delicious	The juice was not delicious.
5	(페인트) paint	The paint was not red.
6	(빠른) fast	He was not fast.
7	(안전한) safe	The castle was not safe.
8	(정원) garden	He was not at the garden.
9	(죽은) dead	The bird was not dead.

10 (작은) small   The house was not small.
11 (가까이에) near   He was not near by me.
12 (집) house   The house was not broken.
13 (쌍둥이) twin   The twins were not delightful.
14 (게임) game   The game was not fun.
15 (병) bottle   The bottle was not broken.

1-14 부정문 과거

1   (올라가다) climb   I didn't climb on the mountain.
2   (얼굴을 찌푸리다) frown   They didn't frown in front of the students.
3   (덤불) bush   We didn't go into the bush.
4   (숨기다) hide   I didn't hide anything.
5   (뛰어난) brilliant   He didn't pick the most brilliant student.
6   (던지다) throw   I didn't throw the stone.
7   (선물) present   We didn't get the present.
8   (가다) go   We didn't go.
9   (나누다) share   They didn't share anything.
10 (거미) spider   The spider didn't build its house.
11 (지혜) wisdom   He didn't have wisdom.
12 (정글) jungle   I didn't go to the jungle.
13 (돕다) help   I didn't help mom.
14 (짓다) build   We didn't build this house.
15 (만세) hurray   They didn't shout hurray.

1-15 조동사 의문문

1   (잊다) forget   Can you forget the kid?
2   (풀) grass   Will he pick out the grass on time?
3   (닿다) reach   Can my hands reach that tree?
4   (더 높이) higher   Should I put that frame higher?
5   (동쪽) east   Should we go to the east?
6   (방문하다) visit   Will they visit our town?
7   (친구) friend   Can my friend like this book?
8   (코뿔소) rhino   Should I buy a rhino doll?
9   (건조한) dry   Will it have dry air in the area?
10 (음식) food   Will she dislike the spicy food?
11 (마법) magic   Can you believe in magic?
12 (현명한) wise   Can he make a wise decision?
13 (땅) earth   Can you grow grains on this earth?
14 (마시다) drink   Will they drink this water together?
15 (기린) giraffe   Will giraffes lie down and sleep?

1-16 조동사 부정의문문

1   (기억하다) remember   Can't you remember me?
2   (식물) plant   Can't this plant grow bigger?

3 (로봇) robot　　　　　　　　Can't I make a robot?

4 (우주) space　　　　　　　　Won't we go to the space?

5 (지구) earth　　　　　　　　Can't the earth get clean?

6 (재충전하다) recharge　　　Won't they recharge the car?

7 (이동식 차량) trailer　　　Can't the trailer follow us?

8 (길) route　　　　　　　　　Can't we take a faster route?

9 (임무) mission　　　　　　　Can't my mission be easy?

10 (보물) treasure　　　　　　Won't they find the treasure?

11 (바퀴벌레) cockroach　　　Will cockroaches disappear from the earth?

12 (열다) open　　　　　　　　Can't this store open?

13 (지도자) captain　　　　　Won't our captain be wise?

14 (수리하다) repair　　　　　Couldn't they repair the car?

15 (우주선) spaceship　　　　Won't we ride on the spaceship?

1-17 의문문 현재

1 (충분한) enough　　　　　　Is there enough money?

2 (꼬리) tail　　　　　　　　　What color is the dog's tail?

3 (옷감) cloth　　　　　　　　Is the cloth soft?

4 (뼈) bone　　　　　　　　　Is the bone big?

5 (정육점 주인) butcher　　　Is the butcher kind?

6 (보상) reward　　　　　　　Is the reward enough?

7 (아무도 ~않다) none　　　None of us are pretty?

8 (찬장) cupboard　　　　　　Is nothing in the cupboard?

9 (닫힌) close　　　　　　　　Is the door closed?

10 (소리가 큰) loud　　　　　Is the sound loud?

11 (가난한) poor　　　　　　　Is your family poor?

12 (공) ball　　　　　　　　　What color is the ball?

13 (벌거벗은) naked　　　　　Is he naked?

14 (길) lane　　　　　　　　　Is the lane narrow?

15 (방향) far　　　　　　　　　Is it far from here?

1-18 의문문 현재

1 (사촌) cousin　　　　　　　Does your father often meet his cousin?

2 (지불하다) pay　　　　　　　Do you pay cash for your clothes?

3 (주다) give　　　　　　　　　Does the teacher give the children 25 cents?

4 (아삭아삭 먹다) munch　　　Does the tortoise munch on vegetables?

5 (무료의) free　　　　　　　Does the grandfather always eat free food?

6 (돌려주다) give back　　　Does the banker give the coin back?

7 (원하다) want　　　　　　　Does the friend want to learn history?

8 (딸깍) clink　　　　　　　　Do you hear the clink sound too?

9 (소리 지르다) holler　　　Does the hippo always holler?

10 (1센트 동전) penny　　　Does he pick up a penny?

11 (10센트 동전) dime　　　Do children find a dime?

12 (팔다) sell　　　　　　　　Do they sell hot beverages at the store?

13 (가격) price   Does the customer know the price of the beauty parlor?
14 (철커덕 소리가 나다) clank   Does it always clank in that door?
15 (그늘) shade   Does the worm always hide in the shade?

1-19 부정의문문 현재

1 (손님) guest   Isn't the guest at the yard?
2 (가운) gown   Isn't your gown white?
3 (의상) costume   Isn't my costume odd?
4 (제자리) in place   Isn't the kid in place?
5 (한 쌍) couple   Aren't they a couple?
6 (놀란) surprised   Isn't mom surprised?
7 (이상한) weird   Isn't your dance weird?
8 (발) feet   Aren't your feet big?
9 (응원) cheer   Isn't their cheer exciting?
10 (부드러운) soft   Aren't your hands soft?
11 (빠른) fast   Isn't your top fast?
12 (승자) winner   Isn't he a winner?
13 (조용한) quiet   Isn't the crowd quiet?
14 (꿈) dream   Aren't your dreams black and white?
15 (예쁜) pretty   Isn't this pretty?

1-20 부정의문문 현재

1 (만나다) meet   Don't you meet the teacher?
2 (아기) baby   Doesn't the baby cry?
3 (잡다) catch   Don't they catch you?
4 (찾다) find   Don't we find treasure?
5 (철벅 떨어지다) splash   Don't shoes splash in the puddle?
6 (발자국) footprint   Aren't your footprints formed on the ground?
7 (엉망) mess   Don't you make a mess?
8 (소리) sound   Don't you hear the sound?
9 (듣다) hear   Don't you hear me?
10 (뛰다) run   Don't the children run?
11 (만들다) make   Doesn't mom make a cake?
12 (놀다) play   Don't we play at the schoolyard?
13 (공부하다) study   Don't you study?
14 (친구) friend   Doesn't your friend come?
15 (간식) snack   Don't you eat snacks?

1-21 의문문 과거

1 (스카프) scarf   Was mom's scarf expensive?
2 (천사) angel   Was the angel pretty?
3 (미끄러운) slippery   Was the snow slippery yesterday?
4 (유연한) flexible   Was her body flexible?
5 (파도) wave   Was the wave big last week?

6	(바람) wind	Was the wind strong yesterday?
7	(벙어리장갑) mitten	Were the mittens pretty?
8	(코트) coat	Was the coat big last month?
9	(밝은) bright	Was the shooting star bright?
10	(눈덩이) snowball	Was the snowball small?
11	(길) road	Was the road slippery yesterday?
12	(눈 조각) flake	Was the snow flake clear?
13	(재미있는) fun	Was the party fun yesterday?
14	(사나운) fierce	Was the wolf fierce?
15	(친절한) friendly	Were they friendly yesterday?

1-22 의문문 과거

1	(잃어버리다) lose	Did you lose your cellphone last year?
2	(이빨) tooth	Did the kid lose a tooth?
3	(오다) come	Did you come here yesterday?
4	(생각) idea	Did he come up with the idea?
5	(베개) pillow	Did she buy this pillow?
6	(찌개) stew	Did you eat that stew?
7	(카메라) camera	Did the family buy the camera?
8	(치료하다) treat	Did the teacher treat his leg?
9	(아래에) under	Did students play under the tree?
10	(사진 찍다) take a picture	Did he take a picture of me yesterday?
11	(맛있는) yummy	Did you eat the yummy food?
12	(여기에) here	Did they come here yesterday?
13	(빠지다) fall	Did the girl fall in this hole?
14	(요정) fairy	Did the fairy grant your wish?
15	(일어나다) get up	Did you get up early in the morning?

1-23 부정의문문 과거

1	(가벼운) light	Weren't the clothes light?
2	(밝은) bright	Wasn't the house bright?
3	(초록색) green	Wasn't the tree green?
4	(조용한) quiet	Wasn't school quiet?
5	(빨간색) red	Wasn't his hat red?
6	(먼) far	Weren't they far from here?
7	(긴) long	Wasn't the street long?
8	(별) star	Wasn't the star yellow?
9	(파란색) blue	Wasn't the ball blue?
10	(보라색) purple	Weren't the clothes purple?
11	(남자 형제) brother	Wasn't your brother beside your mom?
12	(쥐) mouse	Wasn't the mouse small?
13	(트럭) truck	Wasn't the truck a fire truck?
14	(대걸레) mop	Wasn't the mop dirty?
15	(과거) past	Wasn't the past beautiful?

1-24 부정의문문 과거

1	(반려동물) pet	Didn't they have a pet?
2	(움직이다) move	Didn't the car move?
3	(그물) net	Didn't the fisherman throw the net?
4	(암탉) hen	Didn't the hen lay eggs?
5	(편지) letter	Didn't you write a letter to him?
6	(껴안다) hug	Didn't your brother hug mom?
7	(쥐) mouse	Didn't the mouse run away?
8	(빵빵 소리내다) honk	Didn't the truck honk?
9	(대걸레) mop	Didn't you see the mop?
10	(과거) past	Didn't they come here in the past?
11	(모자) hat	Didn't he wear a hat that day?
12	(더 큰) bigger	Didn't you make it bigger?
13	(밖에) outside	Didn't we play outside yesterday?
14	(좋은) fine	Didn't they see a fine view?
15	(눈) eye	Didn't you blink your eyes?

1-25 현재진행 의문문

1	(놀다) play	Are you playing with the toy?
2	(얻다) get	Is the girl getting candies?
3	(함정) trap	Are people setting a trap?
4	(큰) big	Are you picking up big stones?
5	(벌레) bug	Is this bug crawling?
6	(개) dog	Is this dog barking?
7	(고양이) cat	Is this cat eating a snack?
8	(돼지) pig	Is this pig growing?
9	(오리) duck	Is that duck swimming?
10	(개구리) frog	Is the frog sleeping?
11	(춤추다) dance	Are you dancing with him?
12	(하늘) sky	Are you looking up at the sky?
13	(날다) fly	Is the bird flying?
14	(발) feet	Are your feet getting bigger?
15	(키 큰) tall	Is your sister getting taller?

1-26 과거진행 의문문

1	(로션) lotion	Were you putting lotion on your hands this morning?
2	(쉬다) take a rest	Was she taking a rest at home?
3	(등) back	Were you washing your back this morning?
4	(세다) count	Were the children counting numbers at school?
5	(수두) chicken pox	Was he treating chicken pox?
6	(판) batch	Was she baking a batch of cookies?
7	(배) tummy	Was he tapping his tummy this morning?
8	(코) nose	Was she touching her nose?
9	(문지르다) rub	Was the kid rubbing his tummy?

10	(긁다) scratch	Was the student scratching his back?
11	(점) spot	Was the doctor removing spots?
12	(발가락) toe	Was he bending his toes?
13	(또 다른) another	Was the teacher waiting for another student?
14	(머무르다) stay	Were you guys staying at home last year?
15	(오트밀) oatmeal	Were they eating oatmeal?

1-27 현재진행 부정의문문

1	(입다) wear	Aren't you wearing a uniform?
2	(발레리나) ballerina	Isn't the ballerina practicing?
3	(스타) star	Isn't that popular star singing?
4	(서로) each other	Aren't the two players fighting each other?
5	(~인 척하다) pretend	Isn't that spy pretending to be another person?
6	(행동하다) act	Isn't the army acting on his own accord?
7	(공연) show	Isn't the boss watching his nephew's show?
8	(반대편) opposite	Isn't the swimmer swimming to the opposite bank?
9	(얻다) get	Isn't the actor trying to get a part?
10	(차례) turn	Aren't those visitors waiting their turn?
11	(세우다/찍다) point	Isn't the ballet trainee pointing his tiptoe?
12	(~인 상태) being	Isn't that grandfather being drunken?
13	(배우) actor	Isn't that troupe looking for an actor?
14	(폭발하다) explode	Isn't the bomb exploding?
15	(휴가) vacation	Isn't the family going on a vacation?

1-28 과거진행 부정의문문

1	(냄새 나는) stinky	Weren't you washing a stinky dog?
2	(검은색) black	Wasn't he buying black shoes?
3	(길 잃은) stray	Wasn't the stray fox crying?
4	(많은) many	Weren't many animals drinking water?
5	(털로 덮인) furry	Weren't you finding furry clothes?
6	(차가운) chilly	Wasn't he breaking chilly ice?
7	(고양이) cat	Weren't you raising cats?
8	(부자) rich	Wasn't the rich family making more money?
9	(좋은) nice	Weren't they driving a nice car?
10	(회색) gray	Wasn't the gray cloud moving?
11	(소파) sofa	Wasn't she repairing the sofa?
12	(침대) bed	Weren't you sleeping on the bed?
13	(자다) sleep	Wasn't the baby sleeping?
14	(엄마) mom	Wasn't mom cooking?
15	(달리다) run	Weren't you running?

1-29 의문사 what - 조동사 의문문

1	(하다) do	What can we do?
2	(~해야만 한다) have to	What did we have to do?

3	(읽다) read	What will you read?
4	(~하는 게 좋다) should	What should they buy?
5	(~ 을 위해서) for	What can I do for you?
6	(요리하다) cook	What can we cook for breakfast?
7	(말하다) say	What should mom say for her?
8	(어제) yesterday	What couldn't you do yesterday?
9	(말하다) say	What should I say?
10	(만들다) make	What will he make?
11	(주방) kitchen	What did we have to make in the kitchen?
12	(노래) song	What song can you sing?
13	(가르치다) teach	What will they teach?
14	(그림) picture	What picture can you see?
15	(먹다) eat	What should you eat?

1-30 의문사 where - 조동사 의문문

1	(할 수 있다) can	Where can we do that?
2	(쉬다) take a rest	Where should you take a rest?
3	(가다) go	Where will they go?
4	(회사) company	Where can the company do business?
5	(출마하다) run	Where can he run?
6	(노래하다) sing	Where should I sing?
7	(예술가) artist	Where should the artist perform?
8	(오늘 밤) tonight	Where can they sleep tonight?
9	(함께) together	Where can we live together?
10	(커플) couple	Where can the couple get married?
11	(콘서트) concert	Where will the concert be held?
12	(평화롭게) peacefully	Where can animals live peacefully?
13	(운전하다) drive	Where will we drive?
14	(살다) live	Where will they live?
15	(공부하다) study	Where can all students study?

1-31 의문사 why - 조동사 의문문

1	(매) hawk	Why do you have to keep that hawk?
2	(하다) do	Why can you do that?
3	(찾다) find	Why can he find the house?
4	(대륙) continent	Why did we have to find a new continent?
5	(망치) hammer	Why won't he use the hammer?
6	(화려한) fancy	Why do we have to buy a fancy christmas tree?
7	(양동이) bucket	Why couldn't you find that bucket?
8	(봄) spring	Why should we go camping in spring?
9	(성난) angry	Why can't angry people sleep?
10	(잡다) capture	Why couldn't the hunter capture the tiger?
11	(파괴하다) destroy	Why does the company have to destroy the building?
12	(재능) talent	Why can't you find your talent?

13 (여왕) queen   Why can't we meet the queen?

14 (구멍) hole   Why does the bunny have to go into a hole?

15 (뮤직 박스) music box   Why should the owner play the music box?

1-32 의문사 what - 조동사 부정의문문

1 (~하지 않는 게 좋아) shouldn't   What shouldn't we do?

2 (~ 안 할 거야) won't   What won't we do?

3 (~할 수 없어) can't   What can't you see?

4 (보다) watch   What won't you watch?

5 (생각하다) think   What shouldn't they think?

6 (동물) animal   What couldn't animals do?

7 (노래하다) sing   What can't I sing?

8 (요리하다) cook   What shouldn't he cook?

9 (도둑) thief   What shouldn't the thief steal?

10 (선택하다) choose   What should we not choose?

11 (상상하다) imagine   What can't they imagine?

12 (보트) boat   What boat won't you pick?

13 (옷) clothes   What clothes shouldn't I wear?

14 (집) house   What house can't we buy?

15 (의자) chair   Which chair can't I sit on?

1-33 의문사 where - 조동사 부정의문문

1 (가다) go   Where can't we go?

2 (들어가다) enter   Where shouldn't I enter?

3 (머무르다) stay   Where won't we stay?

4 (자다) sleep   Where couldn't you sleep?

5 (놀다) play   Where can't we play?

6 (학생) student   Where can't students study?

7 (사람들) people   Where will people like fishing?

8 (선택하다) choose   Where should I choose a car?

9 (살다) live   Where don't animals live?

10 (사다) buy   Where will I buy the book?

11 (읽다) read   Where shouldn't they read a book?

12 (신부님) priest   Where won't the priest want to pray?

13 (접근하다) approach   Where couldn't the doctor approach?

14 (보다) see   Where can't we see the movie?

15 (방문하다) visit   Where can't he visit?

1-34 의문사 why - 조동사 부정의문문

1 (거기에) there   Why won't you go there?

2 (아무것도) anything   Why can't I do anything?

3 (밖에) outside   Why shouldn't I go outside?

4 (전화하다) call   Why couldn't you call me even once?

5 (보다) see   Why can't you see me?

6 (느끼다) feel	Why can't robots feel anything?
7 (오다) come	Why won't they come here?
8 (상상하다) imagine	Why can't you imagine the future?
9 (입다) wear	Why shouldn't she wear the shirt?
10 (들어가다) enter	Why can't I enter the company?
11 (먹다) eat	Why shouldn't I eat this?
12 (요리사) chef	Why can't the chef cook for me?
13 (공부하다) study	Why can't students study?
14 (통과하다) pass	Why won't you pass the test?
15 (~해야만 한다) have to	Why don't you have to do that?

1-35 의문사 what - 의문문 현재

1 (지금) now	What do we do now?
2 (보다) see	What do they see?
3 (옷) clothes	What clothes does he wear at the party?
4 (하다) do	What do I do for you?
5 (좋아하다) like	What color do you like?
6 (우주선) spaceship	What spaceship do you want to ride?
7 (꿈) dream	What dream does she have?
8 (생각) thought	What thought do you have?
9 (의자) chair	What chair do you want to buy?
10 (거북) turtle	What does the turtle do?
11 (기회) chance	What chance do you get?
12 (노래하다) sing	What song do you sing?
13 (만들다) make	What food does mom make?
14 (가지다) have	What do you have?
15 (행복한) happy	What makes you happy?

1-36 의문사 where - 의문문 현재

1 (살다) live	Where do we live?
2 (자다) sleep	Where do they sleep?
3 (일하다) work	Where does he work?
4 (노래하다) sing	Where does she sing?
5 (숨다) hide	Where do rats hide?
6 (가르치다) teach	Where does the teacher teach?
7 (사다) buy	Where do I buy that?
8 (원하다) want	Where do you want to live?
9 (먹다) eat	Where do they eat?
10 (방문하다) visit	Where does father visit?
11 (그것) that	Where does he buy that?
12 (어디에서) where	Where do you want to live?
13 (여우) fox	Where does the fox go?
14 (가다) go	Where do students go everyday?
15 (머무르다) stay	Where do people stay?

1-37 의문사 why - 의문문 현재

1	(하다) do	Why do we have to do that?
2	(이곳) here	Why do they come here?
3	(매일) everyday	Why does dad go to work everyday?
4	(~까지) until	Why do you stay at home until now?
5	(노래) song	Why does he sing that song?
6	(모자) hat	Why does the girl wear the hat?
7	(우산) umbrella	Why does that man use the umbrella?
8	(뛰다) run	Why do you run?
9	(선수) player	Why do the players shout?
10	(분홍색) pink	Why does that pink car move?
11	(해내다) nail it	Why does he nail it?
12	(비행기) plane	Why does the plane land on the ground?
13	(대표) leader	Why does our leader speak?
14	(카누) canoe	Why do you ride a canoe?
15	(평일) weekday	Why do we meet on weekdays?

1-38 의문사 what - 부정의문문 현재

1	(과일) fruit	What fruit doesn't that farmer grow?
2	(넘다) go over	What don't they go over?
3	(찾다) find	What don't we find?
4	(씻다) wash	What doesn't she wash?
5	(보다) see	What doesn't he see?
6	(생각하다) think	What don't you think?
7	(공부하다) study	What don't I study?
8	(먹다) eat	What don't cats eat?
9	(꽃) flower	What flower doesn't the girl like?
10	(올라가다) climb	What mountain doesn't he climb?
11	(강) river	What river don't you swim?
12	(보다) watch	What part don't they watch?
13	(집) house	What house don't you want to live?
14	(갖다) have	What umbrella don't students want to have?
15	(음식) food	What food don't you eat?

1-39 의문사 where - 부정의문문 현재

1	(원하다) want	Where don't you want to go?
2	(살다) live	Where don't they live?
3	(해충) pest	Where don't pests grow?
4	(개) dog	Where doesn't your dog enter?
5	(재미있는) fun	Where doesn't the fun kid play?
6	(음식) food	Where don't they eat food?
7	(핸드폰) cellphone	Where don't people use cellphones?
8	(친구) friend	Where doesn't your friend want to go?
9	(가다) go	Where don't we go?

10	(공격하다) attack	Where doesn't the army attack?
11	(독재자) dictator	Where doesn't the dictator care?
12	(여자들) women	Where don't women go?
13	(남자들) men	Where don't men usually stay?
14	(토끼) rabbit	Where doesn't the rabbit run?
15	(고양이) cat	Where doesn't that cat sleep?

1-40 의문사 - 의문문 현재진행

1	(시계) clock	Why is the clock moving?
2	(묻다) ask	Why are you asking people the direction?
3	(말하다) speak	Why are they speaking?
4	(오늘) today	What are they doing today?
5	(새) bird	Why is the bird flying?
6	(기차) train	When are they riding on the train?
7	(꼬리) tail	Why is lizard's tail getting longer?
8	(울다) cry	Why is the baby crying?
9	(행복한) happy	Why are they meeting a happy child?
10	(걷다) walk	Why are we walking?
11	(소음) noise	Why are you making such a noise?
12	(바닥) floor	Why are they constructing the floor?
13	(무대) stage	Why is he going up the stage?
14	(박수 치다) clap	Why are people clapping?
15	(흔들리다) sway	Why is the swing swaying?

1-41 의문사 - 의문문 현재진행 부정

1	(물건) stuff	Why is he putting away all his stuff?
2	(머무르다) stay	Why aren't you staying at the hotel?
3	(블록) block	When did he start buying blocks on the market?
4	(금요일) Friday	Why aren't you doing your homework even on Friday?
5	(수요일) Wednesday	Isn't she reading the book she borrowed on Wednesday?
6	(특별한) special	Isn't he dancing at the special party?
7	(추측하다) guess	Why aren't you guessing anything?
8	(금) gold	Aren't the children going to dig gold?
9	(반려동물) pet	Isn't she taking care of her aunt's pet?
10	(월요일) Monday	Isn't your friend going back even on Monday?
11	(목요일) Thursday	Aren't they finishing the trip on Thursday?
12	(곰 인형) teddy bear	Why is your sister finding my teddy bear?
13	(야구) baseball	Isn't he watching the baseball game on TV at home?
14	(문제) trouble	Isn't the kid making trouble even now?
15	(연습문제) exercise question	Aren't you solving the exercise question?

1-42 의문사 - 의문문 과거진행

| 1 | (달려들다) rush | Where was the bull rushing to the bullfighter? |
| 2 | (닭장) henhouse | What was the thief finding at the henhouse? |

3 (수탉) rooster   Why was the farmer getting angry at the rooster?
4 (잃어버린) missing   Who was giving the missing thing back?
5 (먹이 주다) feed   What was the keeper feeding for the elephant?
6 (우유) milk   When was your sister buying milk?
7 (큰) large   Why were the athletes gathering in a large classroom?
8 (대형 선박) tanker   What was loading on the tanker?
9 (깨다) wake   Who was waking up the sleepyhead?
10 (세다) count   When was the banker counting coins?
11 (정원) garden   What was the gardener growing at the garden?
12 (소) cow   Where was the farmer raising cows?
13 (옥수수) corn   Who was making Mexican corn?
14 (평야) field   Why was the horse running on the field?
15 (양) sheep   Where was the principal talking about sheep?

1-43 의문사 - 의문문 과거진행 부정

1 (불) fire   Why wasn't the student sitting in front of the fire?
2 (만들다) make   Where wasn't the grandma making food?
3 (줄무늬의) striped   Who wasn't wearing striped clothes?
4 (먹다) eat   What wasn't the lion eating?
5 (현명한) wise   When wasn't the wise grandfather visiting?
6 (들판) field   Why wasn't the rabbit running on the field?
7 (풀) grass   Where wasn't the horse finding grass?
8 (묶다) tie   Who wasn't tying the rope?
9 (얻다) get   Where wasn't the boy getting food?
10 (호랑이) tiger   When wasn't the tiger climbing on the mountain?
11 (강한) strong   What wasn't the strong warrior finding?
12 (남편) husband   Who wasn't meeting the grandma's husband?
13 (하인) servant   Why wasn't the servant taking care of horses?
14 (뱀) snake   Where wasn't the snake sleeping?
15 (함께) with   Who wasn't playing with friends?

1-44 부정문 현재/과거 MIX

1 (괴물) monster   The monster doesn't hurt anyone.
2 (잎) leaf   My uncle didn't pick up any leaf.
3 (배고픈) hungry   The family wasn't hungry yesterday.
4 (머리) head   My head isn't big at all.
5 (주다) give   The rich guy didn't give me any money.
6 (웃다) smile   He doesn't often smile.
7 (씨앗) seed   The mushroom seed wasn't expensive.
8 (쥐) mouse   The pet shop didn't sell mice.
9 (먹다) eat   The shop doesn't sell anything to eat.
10 (두꺼비) toad   The scared squirrel ran away from the toad.
11 (벌레) bug   The lion doesn't want a bug.
12 (여우) fox   My cousin doesn't like foxes.

13 (무서운) scared   I wasn't scared.

14 (공포스러운) horrible   They played a horrible movie at the hall yesterday.

15 (희망) hope   The soccer players didn't lose hope.

1-45 부정문 현재/과거진행 MIX

1 (멈추다) stop   The car isn't stopping.

2 (따라가다/오다) follow   The butterfly wasn't following me.

3 (덤불) bush   The rabbit isn't hiding in the bush.

4 (나비) butterfly   The butterfly wasn't sitting.

5 (노란색) yellow   We aren't wearing yellow clothes.

6 (자갈) pebble   They weren't throwing pebbles on the river.

7 (부르다) call   The teacher isn't calling me.

8 (점프하다) jump   The grasshopper wasn't jumping.

9 (통나무) log   The log isn't sweeping away on the river.

10 (흩날리다) flutter   Cherry blossoms weren't fluttering.

11 (날아가다) fly   The airplane isn't flying.

12 (꽃) flower   We weren't smelling the flower.

13 (나무) tree   We aren't climbing on the tree.

14 (벙어리장갑) mitten   Mom wasn't making mittens.

15 (집) home   We are not going home.

1-46 의문사 의문문 현재/과거 MIX

1 (~을 원하다) want to   What do you want to do?

2 (어리석은) silly   Where is the silly man?

3 (올라가다) climb   Which mountain do you climb?

4 (수건) towel   Why do you use the towel?

5 (잘 시간) bedtime   When is your bedtime?

6 (스프링클러) sprinkler   Where is the sprinkler?

7 (보다) see   What do they see?

8 (목욕) bath   When did the baby take a bath?

9 (깨끗한) clean   Why doesn't he sleep in the clean room?

10 (구르다) roll   Where does the puppy roll?

11 (진흙) mud   When did friends fall on the mud?

12 (멋진) nice   Where is the nice house?

13 (머리를 숙이다) bow   Why do you bow in front of him?

14 (파다) dig   When did they dig a hole in your yard?

15 (으르렁거리다) growl   Who makes the growling noise?

1-47 미래진행 평서문

1 (프로젝트) project   You are working on the project.

2 (옷을 입다) get dressed   Students will be getting dressed at the hall.

3 (점심) lunch   We will be having lunch.

4 (자다) sleep   My family will be sleeping at night.

5 (가다) go   They will be going to a new country.

6 (옷) clothes   I will be buying new clothes at the mall.
7 (산책하다) take a walk   You will be taking a walk at the park.
8 (오늘 저녁) this evening   We will be working on a new plan this evening.
9 (집) house   The constructors will be fixing the house.
10 (샤워하다) take a shower   We will be taking a shower at the pool.
11 (쓰다) write   I will be writing a novel.
12 (말하다) speak   I will be speaking as a president of students in front of people.
13 (벽장) closet   Children will be hiding in the closet.
14 (저녁 식사) supper   Mom will be preparing a decent supper.
15 (기억하다) remember   Grandfather will be remembering all the memories.

1-48 미래진행 부정문

1 (모두 함께) altogether   They won't be playing altogether.
2 (주인) owner   The owner won't be making food.
3 (지원하다) apply   He won't be applying to the company.
4 (끔찍한) awful   My friend won't be watching the awful movie.
5 (편지) letter   He won't be writing a letter to me.
6 (대회) contest   The contest won't be held.
7 (교외) suburb   They won't be living at the suburb.
8 (자전거) bicycle   Children won't be riding a bicycle.
9 (설명하다) explain   The policeman won't be explaining the road.
10 (허가증) license   The civil servants won't be bringing out licenses.
11 (가다) go   People won't be going to church.
12 (충분한) enough   They won't be saving enough money.
13 (작아지다) get smaller   The company won't get smaller.
14 (방문하다) visit   Pilgrims won't be visiting the Holy Land.
15 (동반자) partner   My partner won't be preparing my birthday party.

1-49 의문문 복합 MIX

1 (목구멍) throat   When did your throat hurt?
2 (배) tummy   How full is your tummy?
3 (운전하다) drive   Since when can you drive?
4 (환자) patient   How many patients were hospitalized in this hospital?
5 (발전하다) develop   How did the mayor develop the city?
6 (고무공) rubber ball   How many rubber balls are in the pool?
7 (맛나다) taste   Does this soup taste fishy?
8 (참다) resist   Can't you resist anymore?
9 (청진기) stethoscope   Doesn't the doctor wear the stethoscope?
10 (앞치마) apron   Will you buy an apron for this mother's birthday?
11 (수술) operation   How fantastic is the doctor's operation?
12 (무너지다) fall down   Did that building completely fall down?
13 (적어도) at least   He won't lie at least?
14 (일어나다) get up   What time did children get up this morning?
15 (알약) pill   Do you think I should take some pills?

1-50 기초 시제 연습 MIX

1	(쓰레기) garbage	Why didn't you throw away the garbage?
2	(이기다) win	Did they win the basketball game?
3	(규칙) rule	How many rules are there?
4	(약속하다) promise	Can you promise me?
5	(경주) race	I will participate in the race.
6	(침실) bedroom	Are children sleeping in the bedroom?
7	(던지다) throw	Can you throw the ball to me?
8	(게임) game	How many games did you join?
9	(공주) princess	Did you meet the princess?
10	(감실) cell	Was he in the cell?
11	(슬픔) sorrow	I fell in the deep sorrow.
12	(일이 일어나다) happen	What happened last night?
13	(고치다) fix	Can you fix this car for me?
14	(메달) medal	How many medals did the country get?
15	(잘못된) wrong	I wrote the wrong answer on the paper.

상위권으로 가는 쉽고 빠른 영어 공부 전략

순서만 바꿔도 대입까지 해결되는
초등 영어 공부법

제1판 1쇄 발행 | 2024년 2월 15일
제1판 3쇄 발행 | 2024년 3월 22일

지은이 | 윤이연
펴낸이 | 김수언
펴낸곳 | 한국경제신문 한경BP
책임편집 | 이혜영
교정교열 | 김순영
저작권 | 백상아
홍　보 | 서은실·이여진·박도현
마케팅 | 김규형·정우연
디자인 | 권석중
본문디자인 | 디자인 현

주　　소 | 서울특별시 중구 청파로 463
기획출판팀 | 02-3604-590, 584
영업마케팅팀 | 02-3604-595, 562　　FAX | 02-3604-599
H | http://bp.hankyung.com　　E | bp@hankyung.com
F | www.facebook.com/hankyungbp
등　록 | 제 2-315(1967. 5. 15)

ISBN 978-89-475-4940-0　03370